人間という仕事

［ポイエーシス叢書］64.

フッサール、ブロック、オーウェルと抵抗のモラル

Jorge Semprún
Husserl,
Bloch,
Orwell.
Morales de résistance

ホルヘ・センプルン 著
小林康夫＋大池惣太郎 訳

未來社

目次

■凡例

・原文中のイタリック体は傍点による強調とした。
・訳文中に原語を指示する場合、および訳者による補足・説明などには〔　〕を用いた。
・原文中の大文字で始まる単語は〈　〉で示した。
・原文中の（　）はそのまま（　）とした。
・本文の原注は☆で、訳註は★で示し、該当ページの脚注として掲出した。

人間という仕事——フッサール、ブロック、オーウェルの抵抗のモラル

装幀——戸田ツトム

本書はホルヘ・センプルンの三つの未刊行の講演を集めたものである。講演は、二〇〇二年三月十一日、十三日、十五日、シモーヌ・エ・チノ・デル・ドゥーカ財団とフランス学士院の後援のもと、フランス国立図書館主宰の大講演会（グランド・カンファレンス）において行なわれた。

エトムント・フッサール★[1]

一九三五年五月、ウィーン

「この講演で私は、盛んに論じられているヨーロッパの危機という主題の意義を刷新したいと思っています」。これが、一九三五年五月のウィーンでエトムント・フッサールが最初に口にした言葉です。[☆1] 正確に言えば、五月七日のことでした。なぜ日付を明記するのかについては、三回の講演を通じて次第に明らかになるでしょう。私たちはこれからいくつかの日付と対面することになりますが、日付を思い起こすことからじつに多くの帰結と示唆が引き出されるはずです。

さて、盛んに論じられていたヨーロッパの危機という主題の意義を、哲学者フッサールはいかにして新たにしようというのでしょうか。彼は講演の初めからはっきり述べています。自分はヨーロッパ的な人間性の歴史哲学的理念を詳らかにすることによってそれを行なう、と。そのために、哲学とその分枝たる我々の諸科学がいかなる本質的機能を担っているかを示してゆく、そうすることによって、ヨーロッパの危機は新たな視座から解明されるであろう――そう

★1 エトムント・フッサール（Edmund Husserl、一八五九―一九三八）は、ドイツの哲学者。現象学の創始者。ハイデガーやサルトルの哲学をはじめ、二〇世紀の人文諸科学全般に深い影響を与えた。

☆1 Edmund Husserl, *La Crise de l'humanité européenne et la philosophie* (1935), Aubier-Montaigne, 1949, rééd., 1987 (trad. Paul Ricœur).〔邦訳、エトムント・フッサール「ヨーロッパ的人間性の危機と哲学」、清水多吉・鈴木修一訳、『30年代の危機と哲学』所収、平凡社ライブラリー、一九九九年。なお、センプルンによる引用については、引用元のテクストを可能な限り参照したうえで、訳者が本書から直接翻訳した。〕

フッサールは述べています。

もちろん、私の意図はフッサールより慎ましいものです。フッサールのように、今日のヨーロッパ的人間性という理念に照らして、哲学と我々の諸科学にいかなる本質的機能が課されているかを示す、などと言うつもりはありません。私が望むのはもっと単純なこと、一九三〇年代のヨーロッパ――さらに言えば三〇年代後半のヨーロッパ――という危機的な時間と空間をあらためて全体として見渡すことです。知性による抵抗はそこでどのような働きをしたのか、その核心はどこにあったのか、そこでどのようなことが考えられたのかを、ひとつひとつ確かめたいのです。そのあとで、三回の講演の締めくくりとして、ヨーロッパの三〇年代の歴史的状況と今日の状況との間にある重要な違いについて指摘したいと考えています。フッサールの言葉を借りるなら、ヨーロッパ的人間性は今日どこに至ったのか、――さらに彼の用語に沿って言うなら――ヨーロッパの精神的形成物★2はどのようなものになったのか、ということです。とはいえ、あらかじめお詫びしておきますが、話の題材がたいへん広大なので、ときに内容を簡略化して話さざるを得ないところがあるでしょうし、そうした簡略化のせいでところどころ、類似の主題をいくつも話し出しておきながら、お終いまでそれを活かすことができないということがあるかもしれません。

ところで、フッサールの用語を使って話をしていると、私たちは一見、観念の王国のなかを

★2「精神的形成物（geistige Gebilde）」は、フッサールがウィーン講演で用いた言葉。人が共同の生活を通じて歴史的に創り出したもの、また、人が共同で行なう活動の関心、配慮、努力の焦点となるもの。

漂っているように思われます。哲学的な抽象に満ちた空のなかに浮かんでいるかのようです。ところが、フッサールのウィーン講演の最後の数行を見ると、まったく異なった口調をしています。彼はヨーロッパの諸科学とヨーロッパ的人間性の危機について論じ、講演の最後を次のように締めくくっています。

ヨーロッパ存続の危機には二つしか出口がありません。ヨーロッパがそれ本来の理性的生の意味から遠のいて没落し、精神に対する憎悪と野蛮のなかに失墜するか、それとも理性の勇敢さ（ヒロイズム）によって自然主義を最終的に超克し、そこから哲学の精神を通して再生するかです。ヨーロッパにとって最も危ぶむべきは倦怠であります。良きヨーロッパ人として、この危険のなかの危険と戦おうではありませんか。戦いが果てしなく続くことに怯まぬ勇気をもって。そのとき私たちは目にするでしょう。このニヒリズムの猛火、人間性に対し西洋が使命を帯びていることを疑わせる絶望の逆巻く炎、巨大な倦怠の灰燼から、新たな内的生と新たな精神的活力に満ちた不死鳥が、人間の遠大な未来の保証として蘇るのを。なぜならば、精神のみは不滅なのですから。

エトムント・フッサール　一九三五年五月、ウィーン

ここに見られるのは、宣言の口調であり、少なくとも哲学的な意味で――それからまた政治的

な意味でも——戦いを呼びかける口調です。この文脈においてここでごく大雑把に、一九三五年にエトムント・フッサールがウィーンで講演を行なったさい、ヨーロッパの危機とは本質的にいかなる与件のことであったのかを、簡単にではありますが、思い出しておくことはたぶん有益でしょう。

第一に、すぐ思い出すことができるのは、ヴェルサイユ条約およびヴェルサイユ体制によって打ち立てられた平和が決定的に挫折したこと、そして国際連盟が挫折したことです。この失敗の中心にあったのは——断言していいと思いますが——独仏の和解の失敗でした。つまり、独仏を和解に至らせるための政治が放棄されたこと、ドイツの民主主義を強化し、ドイツに経済的、社会的、政治的な危機を乗り越えるための手段を与えようとする政策が放棄されたことです。この点については、すぐさま第二次世界大戦との違い、第二次世界大戦の終わり方との違いを強調しないわけにはいきません。一九四五年という時期におけるヨーロッパの政策、つまり戦争に勝利してナチス・ドイツを降伏させた同盟国の政策は最初から、独仏を和解させ、自由なヨーロッパを構築するための政策でした。

ヨーロッパの危機の第二の要因、それは言うまでもなく一九二九年の経済恐慌です。マルクス主義者にとって一九二九年の事件は、資本主義に最終的な危機が到来したことの証であり、間もなく革命が勝利することを意味するものでした。ところがそうはなりませんでした。この長い危機の時代の間に、貧困、生産力の破壊、大量の失業が全世界に拡がりましたが、その途中で次のことに気がついた人たちもいました——いずれにせよマルクス主義陣営には少数でしたが——。つまり、もし危機が資本主義システムの運動の一部を成しており、それゆえ資本主義においては危機に決して終わりがないと断言できるなら、資本主義体制を崩壊させ、社会革命という輝かしい未来を黙示録的かつ奇跡的なやり方で到来させるような最後の危機が起こることもまたないだろう、ということです。ついでに指摘しておきますが、一九二九年は重要な年でありました。世界恐慌のためだけではありません。ソヴィエト連邦にとってそれは、新しい経済政策が終わった年、NEP(ネップ)が終わった年でした。つまり、積年の過剰な集産主義と戦時コミュニズムのせいですっかり荒廃したソヴィエト経済に再び市場経済を導入するという試みが終わった年、レーニンが死の直前に導入し、スターリンが権力の座につくやいなや清算した、あの新経済政策が終わった年でした。一九二九年、それは新経済政策が解消して五か年計画が開始され、のちに人がスターリニズムと呼ぶものが強化された年だったのです。

経済危機に相伴う第三の要素、それは当時から言われていたように、計画主義(プラニズム)という知的、イデオロギー的な発展があったことです。西欧におけるケインズ、ソヴィエトにおける国家計画委員会(ゴスプラン)★3は、それぞれ計画主義の異なる翻案ですが、いずれにせよそこで明らかなのは、私たちがすでに長い間、じつに長い間、次のような考えに親しんできたということです。

★3　ゴスプラン(Gosplan)は、一九二一年にソヴィエト連邦で創設された、経済計画を立案する中央機関。五か年計画の作成や年次計画の調整を行なった。

すなわち、恐慌に対する最良の対抗手段、世界経済の問題への最良の治療法とは、経済をより大規模に計画化することであり——もちろんソヴィエト体制下にある国の場合は強制的に、西欧諸国では方向性として、という程度の違いはありますが——、したがって国家がいっそう強力に公的な介入を行なうことである、という考えです。この考え方からやがて、福祉国家、ウェルフェア・ステイトと呼ばれるものが生まれることになります。

第四の点、それはあらゆる政治現象を通じて目につくようになったことですが、大衆化が飛躍的に拡大したことです。社会学的な意味でも政治的な意味でも大衆化が生じ、大衆が公的生活のなかに決定的な仕方で出現したのです。しばしば忘れがちなことではありますが、こうした状況を分析した先駆者は、おそらくジークムント・フロイトであります——「おそらく」というのはたんなる婉曲表現で、それに間違いありません——。フロイトは早くも一九二〇—二一年に、ギュスターヴ・ル・ボン[★4]の有名な『群衆の心理学』を解説し、集合心理学に関する試論を発表しています。正確にはドイツ語で *Massenpsychologie und Ichanalyse*、すなわち『集団心理学と自我分析』という本ですが、これはおそらく二〇世紀で最も重要な著作のひとつであり、大衆化の現象を分析した本としては間違いなく最も的確な本のひとつです。スペインの哲学者ホセ・オルテガ・イ・ガセットが有名な『大衆の反逆』(*La Rebelión de las masas*)を刊行したのはさらに何年も経ってからのことで、そこでようやく大衆化という現象について膨大な文献が書

★4　ギュスターヴ・ル・ボン（Gustave Le Bon、一八四一—一九三一）は、フランスの社会心理学者で群集心理研究の先駆者。群集心理の非合理性やそれが個人に及ぼす強圧的作用などを研究した。

かれるようになるのです。この問題に関して今日最も重要なことは、大衆化の現象においてはカリスマ的なリーダーが現われ、その出現が決定的な役割を果たすということを覚えておくことです。それこそ、フロイトの分析において最も説得力のある論点のひとつでした。

フッサールとその講演に立ち入る前に、そもそも一九三五年のウィーンはいかなる状況下にあったのでしょうか。この講演はどのような背景に置かれており、老哲学者フッサールはどういった事情でこの原稿を書いたのでしょうか。このときウィーンはすでに二〇世紀初頭にそうであったような文化、イデオロギー、芸術の輝かしい中心地ではなかった、ということを思い出しましょう。ウィーンはその肉体と文化的生命のうえにすでに恐るべき打撃を受けていたのです。とりわけ講演の一年前の一九三四年には、社会民主主義労働運動の敗北がありました★5。政権を取ったのは教権を支持する右派政党でしたが、この政党はナチズムの台頭を前に、言ってみれば初めから武装を解除していました。この当時のウィーンからいくつか文化的な要素を取り出して、フッサールが仕事や講演を行なった時代の雰囲気を少しはっきりさせましょう。もちろん本来であれば分析から始めなければなりません――しっかりとした分析。それゆえ今日はとても行なえないような分析です。それをするにはあまりに時間がかかってしまいますから。こうしたことをくどくどと申し上げているのは、分析が不足するとしてもたんに忘れたからではないと皆さんに理解していただくためです。そうではなく、この種の講演という枠組み

★5　一九三四年の「二月内乱」を指している。オーストリアでは第一次世界大戦後、社会主義勢力と保守主義勢力の間で対立が続いていた。保守派の首相ドルフスは一九三三年にナチス党が選挙で多数派を占めることを危惧したため議会を停止し、さらにナチス党や社会民主党の活動を禁じるなど、反民主主義的な政策を強行した。そのため社会民主党は一九三四年二月に武装蜂起を起こしたが、すぐさま鎮圧され、以後オーストリアではファシズム体制が布かれた。

でこの問題をとことん論じ尽くすことはとうていできないのです――。本来であれば、フッサールと彼の生徒であり弟子でもあるハイデガーとの関係に取り組むべきところでしょう。この問題はたいへん難しいので、私たちはまず会場の配置を変えるところから始める必要があります。こんなやり方ではいけません。まず全員が同じテーブルに着き、全員が資料や書物や書類を脇において、二人の哲学者が自分の哲学をそれぞれどのように展開したのかを比較しなければならないでしょう。ハイデガーの第一の主著である『存在と時間』（*Sein und Zeit*）[☆2]には師フッサールへの献辞があります。もっとも、大学から除籍されたユダヤ人教師に著書を捧げているのはもちろんあまり適切なことではありませんでしたから、ハイデガーは後年の版でこの献辞を撤回してしまうのですが。この献辞には、師フッサールに対するハイデガーの敬愛と友情が示されています。しかし、そうした敬愛と友情にもかかわらず、二人の間にはすぐさま哲学的な意見の相違が生まれることになります。哲学の問題に関するハイデガーの公準や見解に対して、フッサールは早くから懸念を抱いていました。フッサールから見てハイデガーは、現象学的な哲学の考え方の正道から逸れていました。すでに述べたように、それについて徹底的に分析するためにはたいへん時間がかかるのですが、さらに本来であれば、この論争から利を得た第三の人物についても話題にしなければならないでしょう。というのも、問題はハイデガーとフッサールの関係に留まらず、フランス語の読者およびフランスで哲学を愛好する読者にはき

☆2　Martin Heidegger, *Être et Temps* (1927), Gallimard, « Bibliothèque de philosophie », 1964 (trad. R. Boehm et A. de Waelhens), 1986 (trad. F. Vezin).

つとすっかり忘れられている哲学者、カール・ヤスパース★6にも関係していたからです。ヤスパースは相当な数の著作を通じてこの三〇年代の論争に別の当事者として関わっていました。簡単に指摘しておきたいのは、この時期にハイデガーが公刊したテクストは一九三五年という時代を分析するうえでたいへん興味深いということです。ハイデガー全集の第十六巻が刊行されたのは最近のことで、これは全集の順番から予想される出版の順序としてはたいへん遅れているのですが★7――ハイデガー全集は数十巻を数え、刊行はすでに彼の時代よりも私たちの時代に近い年代に行なわれています――、その第十六巻には、ハイデガーが大学人として生きた時代に執筆し、公刊し、郵送したすべての書簡と資料が収められています。つまりハイデガーの大学総長時代――ガリマール社から出版されたハイデガーの『政治論集』☆3の序文でフランソワ・フェディエが細心の慎み深さをもって「不幸なる大学総長の年」と書いた時代――のテクストがすべて収めてあるわけですが、この巻で目にする最も衝撃的な事実とは、大量の文書、声明文、調査書、大学本部の回状の終わりに、あの欠かすべからざる敬礼が――もちろん当時のドイツ語の挨拶「ハイル・ヒットラー」のことを言っています――記されているということではありません。最も衝撃的な事実、それは、この大哲学者が三度か四度、自分の哲学において最も内密で最も個人的な主題（史実性、歴史性、現存在(ダーザイン)の世界への関係）を取り上げ、それをナチズムの公準との関連で再解釈し、そこに新しい生命を――あるいは死をと言うべきでしょう

★6　カール・ヤスパース（Karl Jaspers、一八八三―一九六九）はドイツの実存哲学者。妻がユダヤ人であり、ナチス体制に反抗的であったことから、一九三七年にアカデミックな活動から排除された。戦後になって大学に復帰し、ドイツの罪責問題などを論じた。

★7　ハイデガー全集第十六巻『スピーチ、およびその他の生涯の証拠書類、一九一〇―一九七六』（*Reden und andere Zeugnisse eines Lebensweges*）は、二〇〇〇年に出版された。全百巻を超える予定のハイデガー全集は、巻号と異なる順序で出版計画が立てられ、現在も刊行が続いている。

☆3　*Écrits politiques: 1933-1966*, Gallimard, « Bibliothèque de philosophie », 1995 (trad. F. Fédier).

——与えているということです。この本にはそうしたテクストが収められています。おそらくしかるべき日が来れば、ドイツ語からの翻訳を待たずに、フランスでもこれらのテクストについて注釈がなされることでしょう。この国にはドイツ語を読める人たちがそうは言っても少なからずいるわけですから。そうなれば、大哲学者ハイデガーの政治的態度というスキャンダルをめぐる議論に、またささやかな補足がもたらされるかもしれません。

もう一人、ウィーンにおけるフッサールの同時代人であり隣人であった人物に、ジークムント・フロイトがいます。彼が一九二一年に書いた本、『集団心理学と自我分析』をもう一度確認しておきたいと思います。おそらく、全体主義の高揚に立ち会うとき人が必ず思い出す本です。私たちが問題にしている一九三五年に、フロイトは彼の最後の主著である『モーセと一神教』の執筆に没頭していました。この著作は一九三九年に出版されますが、フロイトが執筆に取り組んだのは一九三四年から一九三八年のことです。この本には、ウィーンであとから付け足された、一九三八年という日付の注記が唐突に差し挟まれています——最も新しい版では「一九三八年三月以前」と明記されていますが、これは要するに併合（アンシュルス）の前、つまりヒトラーによってオーストリアがヒトラー主義ドイツへと併合される前ということです——。この注記には、見事なまでに明晰かつ繊細な言葉づかいで書かれた数行があり、のちに多くの精神分析家がこれを研究し学ぶことになるわけですが、そこでフロイトは、進歩の観念と野蛮との同盟

――これこそ当時起きていた決定的に重要な現象でした――を強調しています。フロイトはその例をいくつか挙げて次のように述べています。ソ連では、より良い生活を生み出すために一億人の人々が服従させられ、強制され、抑圧されている。自由の全面的な廃止と引き換えに、彼らはいくばくかの性的自由と、反宗教的で建設的な労働を享受しているが、その代償として考えることの自由をことごとく失っている。イタリアについてはそこまでフロイトの興味を引かなかったようです。彼は短い言葉でファシズムの存在と、そこに見られるソ連と同じ全体主義的な付和雷同の精神に注意を促しています。そしてドイツについては特殊な状況がある、とフロイトは述べます。というのも、ドイツにおける野蛮は、それを一時的にごまかすための方便もイデオロギーによる釈明もなく、進歩のイデオロギーの助けを借りてそれを正当化することもないまま、姿を現わしたからです。ドイツにおける野蛮はむき出しで、おおっぴらであり、隠されることすらしていなかったのです。当時フロイトの関心を占めていたのが人種に関する事柄、ユダヤ人排斥運動に関する事柄であり、「優等民族」という概念であったことは明らかですが、そうした事柄は、実際ヒトラーのイデオロギーにおいて正当化の試みなどいっさいなしに掲げられていました。啓蒙されていない大衆には痛みをともなおうとも進歩を強いねばならない、といった説明もありませんでした。フロイトは最後にカトリック教会に関してたいへん興味深い余談を記しています。彼はこう書いています。カトリック教会は今日に至るまで我々の主要な敵だった——ここでフロイトの言う「我々」とは、精神分析および精神分析家たちのことであり、言うまでもなく個人としてのフロイトや、彼とその家族のことを指しているのではありません。精神分析の研究と治療を行なっている集団である「我々」ということです——。しかし今日、我々は自分たちの最良の保護者がカトリック教会であると断言せざるを得ない。カトリック教会がいまだになんらかの権力、なんらかの強制力、なんらかの反論能力をもっている限り、オーストリアにおいて現に私たちを野蛮から最も良く保護しているのは、カトリック教会である、とフロイトは述べています。しかし、この保護は長く続きませんでした。フロイトがテクストの最後で述べた暗い予想が速やかに実現しました。この注記が書かれた数週間後、オーストリアはヒトラーの軍隊によって占領されます——抵抗なしに、占領されたのです。

当時の状況を明確にするのに役立つ人物がもう一人います。ロベルト・ムージル[★8]です。この偉大な小説家が同時にエッセイストであり哲学者でもあったことはご存知でしょう。彼はとくにマッハとアヴェナリウスの経験批判論[★9]に関して哲学書を書きました[☆4]。おそらく覚えておられる方もいらっしゃるでしょうが、マッハとアヴェナリウスはレーニンの『唯物論と経験批判論』と題された小さな誹謗文のなかで彼の荒れ狂う怒りの矛先になっています[☆5]。彼らは、このレーニンのテクストを除けば、ほとんど跡形もなく消えてしまった哲学流派ですが、フッサー

★8　ロベルト・ムージル（Robert Musil、一八八〇—一九四二）は、オーストリアの小説家。未完の長篇大作『特性のない男』は、今日二〇世紀文学の傑作に数えられている。

★9　マッハ（Ernst Mach、一八三八—一九一六）は「マッハ数」で知られるオーストリアの物理学者。アヴェナリウス（Richard Avenarius、一八四三—一八九六）は、ドイツの哲学者。いずれも実証主義的な経験批判論の先駆者として、のちの論理実証主義の確立に大きな影響を与えた。

☆4　Robert Musil, *Pour une évolution des doctrines de Mach*, PUF, « Philosophie d'aujourd'hui », 1985 (trad. M.-F. Demet).

☆5　Lénine, *Matérialisme et empiriocriticisme: notes critiques sur une philosophie réactionnaire*, éditions Science marxiste,

ルが現象学を練り上げていた時代には重要な役割を果たしていました。この点について詳説する時間はないでしょう。ムージルはウィーンで二つの講演を行なっていますが、フッサールの講演は偶然にもその間に挟まれています。最初の講演は一九三四年一二月一六日、ムージルはドイツ作家保護連盟の前で、組織の創立二〇周年という機会に講演をします。彼がそこで扱っている主題は「現代の作家」です。この講演にはあのムージル的ユーモア、ムージル的碩学が溢れています。ムージルはそこですでに第二回の講演で話す予定の主題を予告しています——これからすぐそれについてお話しします——が、その主題とは、ムージルが集団主義（コレクティヴィスム）と呼ぶもののヨーロッパにおける興隆、すなわち、カリスマ的な指導者の周りで生じていた、ポピュリズムの大衆運動の興隆です。この現象は、ヨーロッパの文化と文化人たちにとって、また作家や芸術家や創作に関わる人たちにとって、それぞれ異なる新たな問題を生み出しました。

　そうしたわけで第二の講演はフッサールがウィーンで講演を行なった一ヶ月後にパリで開かれます。パリ講演は、文化擁護国際作家会議[★10]という機会に行なわれました。これが第一回会議になります。この会議は言わば当時の多くの作家たち、マルロー、ジード、ギユーといった一連の作家たちの尽力の結果として開かれたものでした。会議はパリで開会されます（第二回は、一九三七年にパリで閉会していますが、その開会は内戦ただなかの共和政スペインで行なわれました）。第一回会議の開催中、ムージルは会場の雰囲気にあってはきわめて勇敢な講演

« Bibliothèque jeunes », 2009.

★10　文化擁護国際作家会議（Congrès international des écrivains pour la défense de la culture）は、一九三五年六月、ファシズムに対抗し文化擁護を訴える左派の作家や文学者たちによって開かれた国際会議。アラゴン、マルロー、ブレヒト、ジード、ムージルをはじめ、三八カ国から二三〇名に及ぶ知識人が集まった。

を行なっています。ご存知のようにこの会議ですでに、ソヴィエト代表団との間にさまざまな軋轢が生じ始めていました。シュールレアリストたちはアンドレ・ブルトンを筆頭に、ヴィクトル・セルジュらの釈放を要求する発議を検討するよう働きかけ、それを果たしました[★11]。一九三七年の第二回会議は、ソ連の態度によりある意味で第一回会議よりいっそう紛糾し、いっそう硬直したものになりました。というのも第二回会議が開かれたのはジードの『ソヴィエトからの帰還[☆6]』が刊行された後のことで、ソ連側にはジードを絶対に会議から排除し、なんとしてもこの本の出版を妨害する必要があったからです[★12]。しかし誰もが知るように、そうはなりませんでした。そうしたわけでムージルは一九三五年に、非政治的な観点から文化を擁護するさいのさまざまな問題に関して、政治の観点からとても興味深い演説を行ないました。それはかなり短い発表でしたが、ムージルはそのなかで集団主義の台頭をあらためて強調し、そのさい、具体的にファシズムとボルシェヴィズムが意味する危険について語っています。ムージルは一人のチェコ＝ドイツ人の作家から譴責を受けますが——政治評論家で、国際労働者同盟（インターナショナル）に属していたエゴン・エルヴィン・キッシュという作家です[☆7]——、それでもやはり自分の観点を保守して、それからウィーンに戻りました。

　実際、いまこそ強調しなければなりません。一九三五年という時代はたんにナチズムが躍進した時代であるだけでなく、人がはっきりと単純に「スターリン主義」と呼んで済ませている

★11　ヴィクトル・セルジュ（Victor Serge、一八九〇—一九四七）は、ロシア系ベルギー人の作家。ロシア左翼反対派としてスターリン主義を批判したため、一九三三年にオレンブルクの強制収容所に収監された。トロツキーをはじめ各国の作家や知識人が彼の解放を嘆願し、一九三六年に釈放される。一九四一年にメキシコに亡命、六年後貧窮のうちに生涯を終えるまでソ連全体主義を批判し続けた。

☆6　André Gide, *Retour de l'URSS*, Gallimard, 1936, rééd. Folio Gallimard, 2012. 〔邦訳、アンドレ・ジード『ソヴィエト旅行記』小松清訳、岩波文庫、一九三七年。〕

★12　アンドレ・ジード（André Gide、一八六九—一九五一）は、フランスの小説家、批評家、ノーベル賞作家。社会の制度的、道徳的な息苦しさに抗して、内容・形式面で実験的な作

ものが突如増幅した時代でもあるのです。「スターリン主義」は実際には「ソヴィエト全体主義」と呼びうるものでした。それについてはすでにあらゆる種類の書物によって研究され、論じられていますが――ついでに申しておきましょう――フランスではとくに『共産主義黒書』が刊行されてからようやく問題になりました[☆8]。その点、例えばイギリスではすでに長らく一群の関連文献がありました。スターリンとヒトラーを比較したアラン・ブロックによる有名な伝記はそのひとつで、二つの全体主義が急速に勢いを増していく様子を日ごとに辿っています[☆9]。この議論は絶えず再開され、将来にわたって再開され続けるはずですが、私の考えでは、次に述べるような知的基準のもとで議論を行なう必要があります。すなわち、ナチズムとボルシェヴィズムは、歴史的、知的、イデオロギー的な比較を同じように受け入れなければならないということです。当然、長らく拒絶されてきた「全体主義」という概念が研究されること、使用されることを受け入れなければなりません。ある人々にとって「全体主義」の概念は受け入れがたいものでした。それを使うことは、ナチズムとボルシェヴィズムを混同し、同じものとして扱うことだと思われたためです。しかし、これは原則の問題であり、方法の問題なのです。両者を比較しなければなりません。たとえ二つの全体主義の間に違いがあることを確かめるためであるとしてもです。私は二つそうした違いを強調して、それから両者のいくつかの同一性について話そうと思います。

品を多く残した。三〇年代にコミュニズムに傾倒するも、一九三六年にソ連を訪れ、その現状を見て失望。旅行記『ソヴィエトからの帰還』では、スターリン体制の実態を批判的に描いた。

☆7 プラハ出身の作家でありジャーナリストであるエゴン・エルヴィン・キッシュ（一八八五―一九四八）は、大戦間に文学的、政治的なアンガージュマンを通して反ヒトラー主義闘争を行なったコミュニズムの中心人物として知られている。

☆8 Collectif, *Le Livre noir du communisme. Crimes, terreur, répression*, Robert Laffont, 1997.〔邦訳、『共産主義黒書〈ソ連篇〉』、外川継男訳、恵雅堂出版、二〇〇一年。『共産主義黒書〈コミンテルン・アジア篇〉』、高橋武智訳、恵雅堂出版、二〇〇六年。本書の監修者の一人ステファヌ・

第一の違い、根本的な違いは、ボルシェヴィズムが真にひとつの革命であったということ、それがブルジョワ的市民社会と市場経済を本当に解体したということです。ナチズムにおいて市民社会の解体は――いずれにせよ同じかたちでは――起こりませんでしたし、市場経済の解体についてはなおさら生じませんでした。そこから逆説的でスキャンダラスとも言える帰結が導きだされます。つまり、ファシズム的独裁体制から民主主義に移行する方が、ボルシェヴィキ的独裁体制から民主主義に移行するよりもたやすいという帰結です。ヨーロッパが経験した体制の推移は、マルクス主義が予想していた資本主義から社会主義への推移ではなく、独裁政体から民主主義への推移でした。スペインやドイツで生じた民主化の経験をソヴィエト連邦や現ロシアのそれと比較するなら、どれほどスキャンダラスに思われようとも、この体制の推移がコミュニズムの場合はるかに難しいということは明らかです。なぜなら、コミュニズムにおいては社会的組織と市民社会が革命によって本当に解体されてしまったからです。

　もうひとつの違いは――いましがた述べたことと反対になりますが――それぞれの体制における、活動家同士の関係の違い、彼らの人としての性格の違いです。この違いはしばしば忘れられているように思われますが、しかし決定的な違いです。私たちは実生活のなかでかつてコミュニストだった人に話しかけ、その話を聞き、彼を再び一員として迎え入れることができます。しかし、かつてナチス党員だった人間を再び実生活のなかで受け入れ、承認し、彼に対し

クルトワは、ナチズムとコミュニズムを同一視して批判する序文を書き、大きな論争を引き起こした。〕

☆9　Alan Bullock, *Hitler et Staline*, vol. 1 et 2, Albin Michel, 1994.〔邦訳、アラン・ブロック『対比列伝　ヒトラーとスターリン』全三巻、鈴木主税訳、草思社、二〇〇三年。〕

て友愛を抱くようになることを想像するのはとても難しいことです。ここに最もよく表われているのは、人間の中身において、また人間同士の関係において、そしてその人が自分の人生や理想や希望にいかに向き合ったかという点において、二つの体制に違いがあったということなのです。もちろん、両者の間には際立った同一性もあります。一党政治体制という形式的な同一性、ナチズムもコミュニズムもそうであったところの、単一思想による全体主義的イデオロギーという形だけの同一性のことを言っているのではありません。私が考えているのは、二つの体制の間にあったもっと奇妙な同一性、つまり文化的な同一性のことです。エトムント・フッサールのウィーン講演の少しあと、パリでは一九三七年に万国博覧会が開催され、セーヌ右岸にソヴィエト連邦の展示館とヒトラーの展示館が向かい合って設置されました。そのため、そこに誇示され、さらには対抗し合っている二つの展示館の文化的同一性が何であるか、早くも明晰に見抜いた人たちがいたのです。二つの展示館の間には、すぐにも衝突を始めそうな相互のよそよそしい他性がありましたが、同時にそれと矛盾して、文化的な観点における芸術的内容の深い同一性が見られたのです。

本当はもうひとつ比較してみたいことがあります。それを比較するとたいへん勉強になるでしょうが、ただし言うまでもなく長い説明を要するでしょう。それは強制収容所の組織の比較です。二つの体制の違いは、政治制度上の大きな差異を見ていくことでも明らかですが、最終

的に二つの強制収容所組織の大きな差異を検討することで見えてくるでしょう。[★13]

さてそれでは、一九三〇年代、フッサールが講演を行なった時代に、まるで半身が麻痺していたかのようにナチスの全体主義だけを政敵と見なしたあの盲目、あの甘さ、あの政治決定が生じたのはなぜでしょうか。私の考えでは、そうした選択を最もよく弁明した人物、それも事が起きてからではなく事が起きる前に、事が生じているときにそれを弁明した人物こそ、再び登場するアンドレ・ジードなのです。アンドレ・ジードは、一九三三年三月二一日、革命作家芸術家協会の示威集会で――彼はそもそもこの団体への参加を望んでいなかったのですが――ファシズムについて短い演説を行ないます。[☆10] その一部を抜粋します。

> 我々がここに集まったのは、ドイツ国民の大部分、まさに我々の話しに耳を傾けることができ、そうするにちがいない人々の大部分が口輪を嵌められ、猿ぐつわを嚙まされているという重大な事実のためであります。ヒトラー政権が制圧のためいかに膨大な労力を払おうとも、そうした人々の存在を消し去ることはできません。しかしながら、彼らは声を奪われ、話す権利、自分の言葉を届かせる可能性を奪われています。彼らはもはや正義への権利をもたず、彼らの抗議の声は圧殺されています。ソヴィエト連邦においても同様だと人は私に言うかもしれません。おそらくそうでしょう。しかし、その目的はまったく異な

★13　センプルンは、ナチズムとスターリニズムにおける強制収容所の違いについて次のように述べている。「ナチスの強制収容所において政治犯の置かれた状況は明確だった。〔……〕ナチス親衛隊が私たちの敵だったからである。彼らのイデオロギーは私たちにとって憎むべきものだった。〔……〕私たちはナチズムに対して武器をとったのであり、逮捕され強制収容所送りに決定されたことは当然のことだった。〔……〕言ってみれば、ナチス強制収容所とは自明の存在であり、その存在の輪郭は明確に定まっていた。そこにあったのは、彼らと私たち、すなわち、ナチス親衛隊と私たち、死と生、圧政とレジスタンス、彼らのモラルと私たちのモラルだった。」「しかし、ソヴィエトの強制収容所については状況がまったく異なっていた。〔……〕ソヴィエトの強制

っています。新たな社会を確立することがようやく可能になり、それまで被抑圧者であった人々、それまで発言の権利をもたなかった人々がようやく発言権を与えられるようになるには、おそらくある程度、痛ましい力の濫用が必要なのです。私はなぜ、いかにして、自分が別の場所では非難するものをこの場所では容認するのか。それは私がドイツの恐怖政治のうちに、最も遺憾な、最も憎むべき過去が再開され、再び盛り返すのを見るからであり、そしてソヴィエト社会の設立のうちには、未来の無限の約束を見るからなのです。

このように、ここに一方で見られるのは、ありふれた、よく耳にする考えです。つまり、歴史の条件次第では、社会を変革し進歩させるための多少のテロルや――フランス革命のときもそう言われていたことでしょう――強制、専制は避けられないという考え方です。それからとりわけ、ここにはあの観念、未来という幻想が認められます。未来が犠牲を正当化するだろう、未来が強制を正当化するだろうという幻想です。私たちはこれまでにもフロイトの著書『幻想の未来』の題名をさまざまに使ってきましたが――『幻想の過去』というフランソワ・フュレの素晴らしい著書を覚えておいででしょうか[☆11]――、この時代を通じてヨーロッパの左翼が最も盲信したことのひとつが、未来という幻想であったことは付言していいでしょう。

フッサールはどうしていたのでしょうか。一九三五年、私が足早に振り返った文脈のなか

収容所にはたしてあの有名な五八条〔＝反革命罪について定めたスターリン時代の刑法条項〕に該当する政治犯として収容された者がいただろうか。政治犯の大半は無実の人々であり、ソヴィエト体制を覆そうとしたり、覆さずとも変革しようとしたりする者など皆無だった。〔……〕彼らにとって、〈彼らと私たち〉と言ったり、〈彼らと私たち〉の間を区別したりすることは、私たちのようにたやすいことではなかったのである。」（『なんと美しい日曜日』、グラッセ、二〇〇二年、二四三―二四五頁））

☆10　一九三三年三月二一日、パリ大東会の一室に設けられた演壇で、ジードは、マルロー、ゲエノー、ダビ、ヴァイヤン＝クーチュリエに囲まれ、「革命作家芸術家協会」のための開会演説を行なった。ジードとマルローは、一九三四年一月四日に〔ディミトロフ

で、彼は何者だったのでしょうか。彼はそのとき七六歳でした。すでに引退してしばらく経っており、そのほとんどの著書が仕上げられ、入念に手直しされ、出版されていました。その意味で、彼の生涯の仕事の大部分はあらかた過ぎ去っていました。まだ出版を待つ主著が一冊ありましたが、それは死後出版されることになります。『哲学的諸科学の危機』という本です。ウィーン講演はいわばこの作品の一部を成しており、この本の補遺として公表されています。[☆12] これはフッサールの著作の眠っていた部分のひとつでした。忘れてはいけませんが、フッサールは約四万枚に及ぶ草稿を残しており、ルーヴァンのフッサール資料館に収められたこれらの草稿についてはいまだに整理作業が続けられています。要するに彼が残した仕事は相当なものなのです。フッサールは、オーストリア＝ハンガリー帝国モラヴィアのユダヤ人の家系であり――これはフロイトと同じです――、裕福な、ドイツ社会に溶け込んだ一家に生まれました。フッサールはドイツのユダヤ人文化、あるいはユダヤ系ドイツ人文化の中心に接し、その文化集団に所属していました。このことは、彼が一九二〇年代、三〇年代の共和政ドイツで享受した文化の輝きと影響を考えるうえで決定的な意味をもっています。当時のドイツは、一八三八年のハイネの予言がほとんど実現しかかっているように見えました。ハイネはこう言ったのです。「ユダヤ人とゲルマン人という二つの根源民族の間には深い親和力が立ち勝るだろう。彼らは共に新たなるエルサレム、現代のパレスチナをドイツに創り出すよう運命づけられてい

釈放の請願のため〕ベルリンへ向かうまで、協会の支援委員会の委員を務めた。〔訳注：一九三二年にパリで結成された「革命作家芸術協会」は、フランス共産党の影響下にあり、モスクワからも政治工作員が潜入していた。〕

☆11 François Furet, *Le Passé d'une illusion: essai sur l'idée communiste au XXe siècle*, Robert Laffont/Calmann-Lévy, 1995.〔邦訳、フランソワ・フュレ『幻想の過去　二〇世紀の全体主義』、楠瀬正浩訳、バジリコ、二〇〇七年。〕

☆12 Publié sous le titre *La Crise des sciences européennes et la phénoménologie transcendantale* (1936-1954), Gallimard, « Bibliothèque de philosophie », 1976; Tel Gallimard, 1989.〔邦訳、フッサール前掲書。〕

る」。この予言はナチズムによって破壊され、いまや無に帰されようとしていますが、いずれにせよそれがまさに実現されつつあり、もはやほとんど実現していると思われた時代、そのような瞬間があったのです。そしてその時代のドイツ文化を飾る偉大な名をここで列挙すれば、アインシュタインからフロイト、カフカからブロイヤーに至るまで、それらがすべてユダヤ系の名であることがわかるでしょう。

大学人として過ごした平穏な暮らしのなかで、フッサールは『論理学研究』『厳密な学としての哲学』『イデーン』『デカルト的省察』といった主要な作品を出版し、後世に残しました。[☆13]この作品群を位置づけるために、私は手短かに二〇〇二年に亡くなったジャン＝トゥーサン・ドゥサンティのたいへん興味深いテクストの助けを借りたいと思います。[☆14]彼の最近の本には、妻ドミニク・ドゥサンティの助力とロジェ＝ポル・ドロワとの途切れがちな対話を通して制作された、『自由はまだ私たちを愛している』[☆15]と題されたたいへん素敵な本があります。ジャン＝トゥーサン・ドゥサンティは哲学者、コミュニスト、活動家で、『ヌーヴェル・クリティック』誌——これは知的分野におけるフランス共産党の機関誌でした——の熱心な共同執筆者でありました。彼は一九六三年に『現象学と実践（プラクシス）』という短い本を出版し、のちの一九七六年にそれを『現象学入門』と改題して再版しています。これは非常に興味深い本で、その面白さはなにより、ドゥサンティがフッサールへと立ち戻る必要性、必然性を感じたという事実そ

☆13 *Les Recherches logiques*, 6 vol., PUF, « Épiméthée », 1993-2011; *La Philosophie comme science rigoureuse*, PUF, « Épiméthée », 1998, 2003; *Les Idées directrices pour une phénoménologie*, Tel Gallimard, 1985; *Les Méditations cartésiennes*, PUF, « Épiméthée », 1994.

☆14 フランスの哲学者、科学哲学の専門家であったジャン＝トゥーサン・ドゥサンティ（一九一四—二〇〇二）は、現象学でも研究を行なった。彼はレジスタンであり、サルトルやメルロ＝ポンティと交流し、一九四三年に共産党に入党した。また彼は高等師範学校とソルボンヌ大学で教授を務め、のちにフーコーやアルチュセール、さらにはデリダにも影響を与えた。

☆15 *La Liberté nous aime encore*, Odile Jacob, 2004.

のものの面白さに由来します。ドゥサンティはこのとき、数学的観念性に関する彼の主著[★14]をあまり人に知られないよう密かに準備しながら、自分がそれまで参加し、自らその勢いを助長させてきたマルクス＝レーニン主義、活動的マルクス主義の狭隘な考え方から身を引き離そうとしていました。そのさいに彼が向かったのがフッサールの方だったのです。この本の序論でドゥサンティは執筆の理由を説明するさいに、はっきりとこう述べています。この本で問題となっているのは単純に、意識をめぐる哲学がすべて実践（プラクシス）の哲学の方へと乗り越えられねばならないのはどうしてかを示すことである、と。

これはたいへん興味深く、またたいへん正当な発言です。とはいえ、まずはマルクス＝レーニン主義が実践（プラクシス）の哲学ではないということ、それが前哲学的で、実証主義的で、日和見主義的なプラグマティズムであるということを示す必要がありましたが。ドゥサンティはこの問題に取り組み、こう論じています。ヘーゲル以後、体系は次の三つの要素へと分解される。すなわち、意識と実存、そしてヘーゲル的な体系のなかで、意識と実存の対立を一方から他方へと移動しながらひとつの同じ言説の統一性において生きる、概念である。意識、実存、概念というこの三人の登場人物にはそれぞれ、誰よりも深く、一徹に、徹底してそこに身を置いた哲学者がいる。たとえば実存についてはキルケゴールが、意識についてはフッサールが見いだされる。しかし概念についてはこれまで貧弱な親族しかおらず、アムラン[★15]を除いてほとんど相応し

★14 『数学的観念性——実変数関数論の発展に関する科学哲学研究』、スイユ社、一九六八年（*Les Idéalités mathématiques. Recherches épistémologiques sur le développement de la théorie des fonctions de variables réelles*, Éditions du Seuil, 1968）。

★15 オクターヴ・アムラン（Octave Hamelin、一八五六—一九〇七）は、フランスの哲学者。当時フランスで興隆していたベルクソン主義に反対し、ヘーゲルの観念論的哲学体系を擁護した。なお、「アムランを除いて」以下の部分は原文では欠落していたが講演では読み上げられていたので、訳者の判断により録音をもとに加筆した。

い人物がいなかった。このようにジャン＝トゥーサン・ドゥサンティは述べています。フッサールとドゥサンティがさらに詳しく対話をすることができたら、興味津々たるものがあったでしょう。というのも、フッサールには、そしてとりわけ彼のあの講演には、現象学から出発して、生の全体と生のあらゆる目的に対する新たな種類の実践（プラクシス）の方へ、新たな普遍的批評（クリティーク）の方へと前進せねばならないという考えが、繰り返しはっきりと表明されているからです。そしてこの新たな普遍的批評は、ある意味でマルクスが企てた哲学のプログラムの概要に──そう、マルクスの企てです──、驚くほどよく沿ったものなのです。マルクス自身この企てにつねに忠実ではありませんでしたし、マルクスの追随者に至ってはいずれもそれを裏切り、汚すばかりでした。ですから、私たちがドゥサンティとフッサールのありうべき対話を続けていくということもできるでしょう。

それを続けることはできますが、しかしながら、講演の背景に照らして重要なのは、フッサールがどのように客観主義に偏った合理主義を批判し、どのように批判的合理性の擁護を行なったかを見ることです。彼はこう述べています。「私をいわゆる反動主義者と見なす人もいるでしょう。しかし私は、今日言葉のうえで自分を非常にラディカルに見せている人よりも、反動主義者と言われる自分の方がはるかにラディカルで、はるかに革命的であるとさえ思っています」。なぜならフッサールにとって、批判的合理性、理性の批判的精神以上にラディカルなものはなく、それ以上に革命的なものはないからです。そして、この批判的合理性こそヨーロッパの精神的形成物の基盤であり、ヨーロッパ的現実の基盤である、と彼は考えるのです。

そんなわけで、真の嵐が起き、それがフッサールの人生に突然襲いかかったのは、まさしく彼が大学人として平穏に仕事を進展させていた最中のことでした。私が皆さんに最初に読み上げたフッサールの講演の最後の数行はそれを反映しています。彼はそこで野蛮について、理性の勇敢さについて、ニヒリズムの猛火について述べ、ナチス全体主義の急激な台頭に直接言及しました。フッサールの人生に起きたこの大嵐は、ナチス体制によるユダヤ人排斥運動、人種差別的措置によって始まります。それは彼に深い混乱、不安、苦しみを掻き立てます。このときフッサールはすでに妻に先立たれており、聖リオバ修道院というベネディクト派の修道院に身を寄せていました。彼はこの場所で、ウィーン講演から三年と経たない一九三八年四月二七日に亡くなります。その数ヶ月後に、フッサールの数万枚に渡る未刊行の草稿をベルギーのルーヴァン・カトリック大学へ持ち運ぶ救出計画を立てたのが、フランシスコ派修道士のヘルマン・レオ・ヴァン・ブレダ（一九一一―一九七四）でした。チェコの哲学者ヤン・パトチカ[★16]は――彼は残り二つの講演にもまた出てきますので、今後お話しする人物について皆さんに知っておいていただくため、簡単に彼について述べておきましょう――、プラハ出身の若い現象学者で、フッサールの弟子であり友人でした。ウィーン講演を聞きに来た彼は、その講演をプラハで再

★16　ヤン・パトチカ（Jan Patočka、一九〇七―一九七七）は、チェコの哲学者。フッサールからの強い影響のもと、二〇世紀ヨーロッパに浸透した科学主義、デカルト的主観主義、ニヒリズムを批判的に検証し、その克服の道を模索した。主著は『哲学的問題としての自然世界』（一九三九）、『歴史哲学についての異端的論考』（一九七五）など。

現しようと試みました。ナチスがプラハを占領したさい、彼はすぐに教職を辞めさせられ、またさらに一九四八年に共産党がプラハの政権を取ったさいも、コミュニズム体制によってすぐに停職処分を受けます。彼はその後ヴァーツラフ・ハヴェルとともに憲章77[★17]の代表者となりますが、この憲章77の代表だったとき、プラハ共産主義警察からかなり強い取り調べを受け、その後亡くなっています。そして、まさしくこのヤン・パトチカが、あるインタヴューで哲学の思い出について回想しながら次のように述べたのでした。「一九三八年の終わり、ミュンヘン会談ののち、すべてが失われたと思われたとき、私たちはプラハに一人の若者が降り立つのを見ました。背が高く、美男子で、きちんとした身なりをしており、どんなタバコも強いとは思わなかったこの男は、いかなる危険も恐れていませんでした。彼こそが、ルーヴァンで哲学を専攻していたフランシスコ修道会のヘルマン・レオ・ヴァン・ブレダでした。ブレダはフッサールの現象学を学び、彼の未刊行の遺稿とノートの重要さに気がついたのです」。つまり、フッサールが静かに生涯を終えることができたのは、一堂のベネディクト派修道院のおかげであり、また彼の未刊行テクストが救出され、ルーヴァンに保管されてのちの世代の研究者や哲学者の役に立つことができたのは、一人のルーヴァンのフランシスコ修道士のおかげだったのです。

言うまでもなく、ここで反ユダヤ主義という問題が持ち上がります。もちろん今日一日で論

★17　「憲章77」は、社会主義共和国時代のチェコスロヴァキアで一九七七年に行なわれた人権回復を求める請願運動。「プラハの春」以降の反動的、抑圧的な政治的取締りに反対する文書が、二四三名の改革派知識人の署名とともに公開された。

じ尽くすことなどとうていできない問題です。しかし、反ユダヤ主義の問題はフッサールの生涯にも、またウィーン講演で彼が見せた道義的な怒りやその抵抗の反応にもきわめて深く関わっているため、ここで言及しないわけにはいきません。反ユダヤ主義やユダヤ人排斥の起源がキリスト教にあることは明白ですが、現代的なユダヤ人排斥運動がはじまったのがドレフュス事件[★18]のさいのフランスからだということもまた明らかです。現代の反ユダヤ主義は、大衆迎合的で人種差別的です——ドイツの社会学者アウグスト・ベーベル（一八四〇—一九一三）は、ユダヤ人排斥運動は愚か者どもの社会主義だと言いました——。選良による、エリート主義的、キリスト教的、伝統的な反ユダヤ主義が、大衆による反ユダヤ主義、民衆的な反ユダヤ主義に移行したのはドレフュス事件のときのフランスなのです。そしてすでに述べたように、ヒトラーがそれを引き継いで、ユダヤ人文化がドイツへと統合されるのを乱暴に妨げたのでした。

ユダヤ人排斥の問題をその当時から考察しているテクストはなかなか見つかりません。ひとつ例外があります。一九三七年に書かれた『イスラエルの謎』[☆16]というジャック・マリタン[★19]の作品です。ジャック・マリタンについて紹介は要らないでしょう。彼は、フッサールが最後の古典的な大哲学者であると言うのと同じ意味で、最後のトマス派の大哲学者でした——「古典的な」といっても「アカデミックな」とか「古い」ということではなく、哲学のさまざまな問題をその総体において扱う哲学者、総体的な方法で問題に取り組む哲学者ということです。たと

★18　ドレフュス事件は、一八九四年にユダヤ系のドレフュス大尉がドイツのスパイ容疑で終身刑を宣告された冤罪裁判事件。ドレフュス擁護派の知識人や共和主義者と、軍部や教会を中心とした反擁護派の間で対立が生じ、世論を二分する論争に発展した。この事件により、根深い反ユダヤ感情や軍部の隠蔽体質など、第三共和政に潜伏するさまざまな社会的、政治的問題が露呈した。

☆16　*Le Mystère d'Israël et autres essais*, Desclée de Brouwer, 1990.

★19　ジャック・マリタン（Jacques Maritain、一八八二—一九七三）は、フランスのカトリック哲学者。二〇世紀の新トマス主義の第一人者。キリスト者の立場から民主主義やヒューマニズムに関して多くの哲学的考察を行なった。第二次大戦中はアメリカに亡命し、ヴィシー政権に反対し

えば、まったく別の分野で言えば、ニコラ・ドゥ・スタール[★20]は最後の古典的な画家と言えるでしょう——。マリタンとはそうした人物でした。彼はコクトーに宛てた一九二六年の手紙のなかで——コクトーとマリタンの往復書簡は出版されています——自分自身について次のようなことを書いていますが、私には強烈な言葉だと思われます。「私とは何であろうか。一人の改宗者、神が手袋のように裏返した人間だ」。これはマリタンによるマリタン自身の定義としてかなり的確であると思われます。マリタンとは神が手袋のように裏返した人間です。確かに私はときにかなり乱暴なやり方で——少なくとも一度はかなり乱暴なやり方で——ジャック・マリタンを批判したことがありましたが、それはまさしく神が理由でした。私はソルボンヌで読み上げた「マルク・ブロック」という講演で[☆17]、マリタンの弁神論[★21]を批判したことがありましたが、そこで私が批判したのは、マリタンがあまりにも繊細な上品さで、あまりに多くの危険を侵しながら、〈悪〉を神の責任から除外したそのやり方でした。彼は、あらゆる悪から神を無罪放免してしまい、危うく、人間の自由には——彼は人間に自由があると認めたわけですが——ただ〈悪〉を生み出すことしかできないと言いかねませんでした。というのも、それはマリタンの弁神論が人間に残した唯一の自由、自由の唯一の噴出口だからであり、彼の議論では〈善〉の経路が神によって完全に独占されているからです。とはいえ、マリタンの弁神論とどれほど意見が対立しようとも、彼が政治哲学者として重要な人物であることは間違いありませ

た。

★20　ニコラ・ドゥ・スタール（Nicolas de Staël、一九一四―一九五五）は、ロシア出身のフランス画家。絵の具を厚く層状に重ねた、大胆な色彩と抽象化された形態のタブローを多く描いた。四一歳のとき、テラスから身を投げ自殺した。

☆17　« Mal et Modernité: le travail de l'histoire », in *Une tombe au creux des nuages*, Climats, 2010, pp. 45-83.

★21　弁神論（または神義論）は、この世の悪の存在が創造主である神の善性と矛盾しないことを弁明する哲学の議論。

ん。私たちは第二回、第三回の講演でも彼に立ち戻ることになりますが、それは彼が一九三九年から四五年の戦争やフランスの敗戦について多くの文章を書いているからです。そして、それらのテクストは、次回の講演の話題の中心となるマルク・ブロックの『奇妙な敗北』や、レオン・ブルム[★22]のエセー『人間の尺度で』とともに、フランスとその敗戦についてなされた民主主義的な考察、深く民主主義的な考察の中心にあります。

マリタンと彼の『イスラエルの謎』について少し述べておきましょう。これは本当に並外れたテクストで、二重の側面をもっています。一方には純粋に哲学的、神学的な側面があり、そこには比類ない知力、驚くべき豊かさが現われていますが、さらにまた、この本には驚愕するようなアクチュアリティがあります。[★23]というのも、この本でマリタンは、神の民族としてのイスラエルを分析し、イスラエルの使命について分析をしているからです。私にはできるだけ早くこの本を読むよう皆さんに勧めることしかできません――繰り返しますが、そこには驚愕するようなアクチュアリティがあるからです――。このテクストでマリタンは、複雑かつ多様な分析による悔悛を通じて、カトリック教会が到達するのに何十年もかけた見識の高みにすでに達しています。[★24]「イスラエルの使命」と題された章からひとつだけ引用しましょう。「世の中がユダヤ人を憎むとすれば、それはユダヤ人が世の中にとって常に超自然的に異邦人であると世が感じているからである。世の中はユダヤ人の絶対への情熱を嫌っており、そしてこの情熱が

★22　レオン・ブルム（Léon Blum、一八七二―一九五〇）は、フランスの政治家、文芸批評家。一九三六年に人民戦線内閣の首相を務め、社会改革を行なった。四〇年にヴィシー政府によって戦争責任者として逮捕され、解放までドイツに抑留された。

★23　二〇〇〇年以降再び緊張していたパレスチナ情勢を念頭に置いていると思われる。二〇〇〇年九月、イスラエルのシャロン元首相による「岩のドーム」への挑発的訪問を機に武力衝突が再開し、イスラエルは翌年パレスチナ自治区に侵攻、国際的な批判を浴びた。

★24　ローマ・カトリック教会が歴史的な反ユダヤ主義の傾向についてはっきりとした反省や修正を始めるのは、第二次世界大戦後、ナチスによるユダヤ人迫害との関係が指摘されるようになってからのこと。

世に与える不愉快な刺激に耐えられないのである」。ユダヤ人の絶対への情熱が世の中に与える不愉快な刺激。これはよく考えてみるべきことだと私は思います。さらに少し先でマリタンはこう書いています。「ユダヤ人は定住すると道に迷う。私が述べているのは精神的現象としての定住のことであり、活力を与える不安を失って召命に離反することになるような定住のことである。社会に同化することはそれとまったく別の問題であり、それは精神的な次元ではなく、社会的、政治的な次元に関わっている。同化したユダヤ人であっても、定住していないことはあり得る。同化は、イディッシュ主義やシオニズムと同じく、イスラエルの問題の解決にはならない。同化は、民族自決主義やシオニズムと同じく、不完全な気休めの方法であり、それが可能な場合にだけ正しく望ましい現状維持の解決策にすぎない。その場合にもやはり同化にはひとつの危険がつきまとう――シオニズム運動も国家を求める運動である限り同様である。すなわちそれは、ユダヤ人が定住するという危険、ユダヤ人が他の民族のようになるという危険であり――私は精神的なことについて述べている――イスラエルの家族という召命を失う危険である」。これは一九三七年に書かれたものです。ジャック・マリタンは二十年後この論考を再版するさい、次の注を付け足しています。「これは警戒する理由のある危険である。実際に、イスラエル国は他の国家と同じような国家であるわけではない。そしてそうなることの誘惑を免れえないとしても、この先も決してそうなることはないだろうと私は思う」。一九

それに対し、マリタンは一九二〇年代から早くも「反ユダヤ主義」の批判を行なったことで知られている。

三七年はイスラエル国建設の十年前です。そしてイスラエルの国家建設から十年後にこの注記が書かれ、そこでマリタンは自分の考えを説明するのです。こうした哲学的考察の枠のなかでジャック・マリタンは、反ユダヤ主義について、反ユダヤ主義に抵抗するために、並外れた概念的乱暴さ、荒々しさをもって、分析を行ないました。第二章「神の民族」には、こう書かれています。「ユダヤ人排斥プロパガンダで使われている全般的な話題の並外れた卑しさに驚嘆しないことは難しい。排斥運動に従った人々は、知性を保ったままユダヤ民族を憎むことが不可能であるということを証明するために生まれて来たようなものである」。一九三七年。

フッサールが言及したあの野蛮と憎しみの高揚のなか、フッサールにあの怒りと絶望を感じさせた現実に直面しなければならなかったとき、このテクストは私が見つけた唯一の、本当に完成された、本当に重要な、本当に決定的なテクストでした。おそらく語るべきことはたくさん残っており、私はその多くを言い落としてきましたが、最後は次のことを喚起して終りにしようと思っていました。すなわち、今日は三月一一日であり、必然的にこれから始まる夜は三月一一日と一二日を跨ぐ夜になるわけですが、まさしく一九三八年の三月一一日から一二日の夜に、ヒトラーはオーストリア侵攻の命令を発したのです。

マルク・ブロック[★25]

一九四〇年、　フランスのどこか

私は一昨日の講演の流れを引き続き辿りたいと思います。そのために想像の散歩をしましょう。ブーヘンヴァルト強制収容所[★26]の跡地、記憶の場の散歩です。皆さんはいまワイマールという愛らしい小さな街に旅行で訪れていると想像してください——美しい季節がやって来ました——いまからここワイマールより数キロ離れた強制収容所に向かうところです。皆さんが熟練ガイドの案内なしに独りでそこにいるなら、おそらく雑多なものが眼に飛び込んで来ているでしょう。とりわけ、この強制収容所という悲劇的な空間の端に、いまはほとんど更地になっていますが、発掘作業現場のような風景が拡がっています。有刺鉄線の囲い、管理棟、監視塔、堅材でできた建築、そうしたものだけが立っていて、そのなかにはかつての*Effectkammer*（エフェクトカマー）、つまり被服庫や、ブーヘンヴァルト博物館があります。

この空間の端まで行くと、あとから一部切り開かれた森の空き地に、発掘現場のような用地があります。そこにかつてバラックが建っていた長方形の一角があり、その中央に、まだ保存

★25　マルク・ブロック（Marc Bloch、一八八六―一九四四）は、フランスの歴史家。比較史的方法を用いて、フランス中世農村社会を研究した。第二次世界大戦中に抵抗運動に身を投じ、パリ解放の直前にナチスの秘密警察によって捕えられ、銃殺された。

★26　ブーヘンヴァルト強制収容所は、一九三七年にドイツのテューリンゲン地方に建設されたナチスの強制収容所。ユダヤ人絶滅収容所とは異なり、主に政治犯や外国人捕虜が多く収容された。センプルンは一九四三年秋から一九四五年四月までをそこで過ごした。

状態のよいセメントの竪穴が見つかります。これはブーヘンヴァルト小収容キャンプの簡易便所の糞尿溜めに使われた竪穴です。さらに、この発掘作業場の片隅には、黒、あるいは灰黒色の標石があり、そこに少し消えかかっていますが次のような言葉が刻まれているのが読み取れます。「一九四五年四月一一日、反ファシズム軍事委員会はここに反乱蜂起を命じる」。反ファシズム軍事委員会がなぜここにいるのでしょうか。反乱蜂起のとき？　これは何を意味するのでしょうか。

それについてはすでに話したことがあるので私自身はよく記憶していますが[★27]、今日はこの話を皆さんにするつもりはありません。私はあくまでフッサールへ、あのウィーン講演へと私たちを導くものについて話したいと思っています。そうして最終的に、マルク・ブロックの生涯と作品を取り上げようと思います。実際、ここブーヘンヴァルトの簡易便所という吐き気を催させる共同生活の場――そうはいっても共同生活があった場です――には、きわめて雑多な人々が日曜ごとにさまざまな理由で集まり、話をしたり、思い出や、吸いさしや、希望の言葉を交わしたりしていました。私がルブランと名乗る人物に会ったのもここでした。彼は実際にはルブランという名前ではなく、オーストリア名をもっていて、ウィーンのユダヤ系の知的階層の出身でした。その彼が、一九四四年、私に初めてフッサールのウィーン講演の話をしてくれたのです。先日お話しした、一九三五年の講演のことです。彼は講演の内容を非常に正確に

★27　一九四五年四月一一日はブーヘンヴァルト強制収容所が解放された日。センプルンはブーヘンヴァルト収容所時代の体験をもとにした自伝的エセーをライフワークにしている。『大いなる旅』（一九六三）、『なんと美しい日曜日！』（一九八〇）、『書くことか生きることか』（一九九四、邦訳『ブーヘンヴァルトの日曜日』）、『死なねばならぬ者』（二〇〇一）などを参照。

覚えており、私に長々と概要を聞かせてくれました。私はそれのおかげで、フッサールがヨーロッパについて述べたあの研究、あのスピーチの意味と内容を知ったのです。フッサールは講演で、野蛮に直面したヨーロッパがその歴史と精神的形成物の意味をもう一度見いだす必要があると述べていました。ヨーロッパの意味は批判的精神、批判的理性に基づいており、フッサールによるなら、ギリシアに由来するものです――ローマやユダヤ＝キリスト教がヨーロッパの精神的形成物にもたらした貢献について、フッサールの分析は少し限定されていると言わねばなりませんが、いまここでそれについて議論するのはよしましょう――。講演でフッサールは時代状況を打開するために言葉を発していますが、そこには民族国家の窮屈さに反対する一九世紀マルクス主義的な楽観性が刻印されているように見えるかもしれません。私が思うに、フッサールこそ初めて、哲学的観点から、知的観点から、三〇年代の危機と将来の危機に対する唯一の解決策としてヨーロッパの超国家性を構築する必要を表明したのです。ルブランは――私はこの名前を使おうと思います。これは偽名ですが、ゲシュタポの数々の尋問に抵抗した名前であり、そしてこの名において彼は強制収容所に送られたのですから――、フッサールの講演の終わりの部分を私に暗唱しました。のちに私はこの講演を読み、講演で実際に読まれたテクストを知り、彼が私に翻訳しながら暗唱してくれたドイツ語の記憶と比較するなどをしましたが、そのたびに彼が本当に良い記憶力の持ち主だったことを確かめることができました。私が月曜にお話ししたのは、この戦いへの呼びかけ、闘争への哲学的な呼びかけ、哲学的な声明だったのですが、ルブランはそのフッサールの文言のうちでもとくに、理性の勇敢さ（ヒロイズム）によってヨーロッパが哲学の精神を通して再生する、という表現をとても強調していました。「理性の勇敢さ（ヒロイズム）」という言葉が彼を強く感動させたのです。そして私たちはマルク・ブロックを通じて、フッサールが口にしたこの「理性の勇敢さ」、ヨーロッパがその歴史の意味、未来の意味を再び見いだすために必要だと言われたこの「理性の勇敢さ」がいかに具体化したのかを知ることができるのです。

　ところで今日は三月一三日ですから、私はマルク・ブロックへと直接向かう前に、別の人物について少し触れておきたいと思います。もう一人の理性の英雄です。月曜に私は、その日がちょうどヒトラーによってオーストリアへの軍隊の侵攻が決定された日の六〇年目にあたることを確認しました。ヒトラーはこの日併合（アンシュルス）を行なうと決め、オーストリア人は多かれ少なかれ意志的にそれを受け入れたのです。今日は三月一三日ですが、これはヤン・パトチカの命日であります。ヤン・パトチカは現象学者でありフッサールの弟子であって、ウィーン講演から数ヶ月後、それと同じ講演をプラハで計画しました。パトチカは一九七七年三月一三日、憲章77の代表者としてプラハ共産主義警察の行き過ぎた尋問を受け、その後に脳卒中と心臓マヒのため亡くなりました。私がここでパトチカに言及するのは、自分にとって少し困惑するような事柄について一言申し上げておくためです。パトチカの著作の大半は――主要なもののすべてとは言えませんが――フランス語に翻訳され手に入るようになっていますし、またアレクサンドラ・レニエル＝ラヴァスティーヌのパトチカに関するたいへん素晴らしい著書があります[☆18]。さらに、パトチカの思想の多くの箇所はいまだに意義とアクチュアリティをもっており――たとえば、『自由と犠牲：パトチカ政治論集』に再録された「超文明とその内的衝突」[☆19]という素晴らしい論文のなかでパトチカは、フッサールのヨーロッパに関するテーゼについて論じており、ハイデガーと同じくフッサールを批判的に継承しながら、今日の世界の技術的現代性について入念な思考を展開しています――、彼は商品社会の資本主義的現代性や、技術批判、現代という技術の時代に対する批判についても多くのことを書いています。それらのページは本当に多彩で、私の考えではモダニティとグローバリゼーションに関して今日なされているさまざまな議論でもおおいに活用されていると思います。それにもかかわらず、これらの主題はときどき――しばしばとは申しませんが――かなり乱暴なやり方で扱われています。まるでグローバリゼーションや資本主義的近代化が最近発見された事実であるかのように、思想史からかなり切り離された、その場限りのやり方で扱われているのです。

さて、ブーヘンヴァルトの散策に戻りましょう。簡易便所の建物から数十メートル向こう側にあったのは――いまもまだありますが――別の建物の残骸、傷病者用56ブロックと呼ばれた

☆18 *Patočka: de l'éthique dissidente au souci de la cité*, Michalon, « Le bien commun », 1998.

☆19 *Liberté et sacrifice: écrits politiques*, J. Million, « Krisis », 1990 (trad. Erika Abrams).

所です。ブーヘンヴァルトは特別な収容所で、ただちに絶滅収容所であったわけではありません。傷病者や社会不適格者、傷害や病気や警棒の一撃を受けて横暴な労働のシステム、つまりは強制労働から除外された人々は、アウシュヴィッツ＝ビルケナウ複合体のようにガス室に選別されるわけではなく、大半の場合――いくつか例外があって、個別に排除されたケースもありましたが――ブーヘンヴァルト小収容キャンプのそうした死場所（ムールワール）や傷病者用の掘建て小屋のなかにただ押し込められるのでした。そんなある日、私の記憶が確かなら――確かだと思いますが――一九四四年の九月の初めに、ソルボンヌ大学で私の社会学の先生だったモーリス・アルブヴァックスがブーヘンヴァルト56ブロックに到着したという知らせがありました。私はこの知らせを聞いた最初の日曜日に56ブロックに行きアルブヴァックスを見つけました。もちろん、彼はソルボンヌ大学で他にも多くの学生を受けもっていたので、やって来た学生を容姿の面で覚えていたわけではありませんでしたが、当時の状況のことはすぐに思い出しました。というのも、私が彼にその年の授業の様子やポトラッチ経済に関する授業内容の一部を思い出させたからです。彼はブーヘンヴァルトでそんな話が出ることをおおいに面白がっていました。

いつのことだったか、どの日曜日だったか、あの日曜日だったのか次の日曜日だったか、もう覚えていませんが――というのも彼とは毎週日曜に会っていました――、突然、彼がレジスタンス活動やそこでのさまざまな体験について何か話したはずみだったか――もしかすると彼がどうやってゲシュタポに逮捕され、収容所送りになったかを話してくれた日かもしれません。彼が収容所に送られたのは、ゲシュタポがレジスタントである彼の息子を捕まえることができなかったからでした（この息子、ピエール・アルブヴァックスも結局逮捕され、ブーヘンヴァルト強制収容所で父と再会しました）――とにかく、何かそのようなことを私に話していたからだと思いますが、彼は突然私にこう言ったのです。「マルク・ブロックが銃殺されたことを知っていますか」。知りませんでした。本当のことを言うと、マルク・ブロックが反ナチズム抵抗運動の重要人物であることさえ知りませんでした。私がマルク・ブロックについて知っていたのは、いくつかの文章と、とりわけ直近に刊行された中世社会に関する本だけでした。彼は私にマルク・ブロックについて多くのことを話してくれました。というのも、彼は『年報』[アナール][★28]の計画にさいしてリュシアン・フェーヴルとマルク・ブロックに協力していたからです。モーリス・アルブヴァックスはアナール学派の二人の創設者によって『年報』の編集委員に選考されたと言えます。リュシアン・フェーヴルとマルク・ブロックの往復書簡の一通には――どちらからどちらへの手紙だったかもう覚えていませんが――、アルブヴァックスが周囲からやや過激な左派と見なされており、また社会主義の活動家であったために、その後『年報』の中心となるグループ――経営部門、編集部門と言っておきましょう――から抵抗があり、説得しなければならなかったことや、実際にアルブヴァックスを『年報』の計画に加えるために、どのよ

★28 『社会経済史年報』（*Annales d'histoire économique et sociale*）は、マルク・ブロックとリュシアン・フェーヴル（Lucien Febvre、一八七八―一九五六）が一九二九年に創刊した歴史学の学術誌。出来事の年代的記述だけでなく社会構造の分析や人間の生きた生活文化の再現を重視する新しい社会学、「アナール学派」の名前の由来となった。

うにそれらの障害を乗り越えねばならなかったかが説明されています。そうしたわけで、アルブヴァックスはマルク・ブロックの訃報をきっかけにして、私にマルク・ブロックと『年報』についてさまざまなことを話してくれたのでした。

かくして56ブロックの簡易便所があった建物で、ひとつの物語が所在を得て、紡がれ始めます。それはいまだに続いており、私たちは今日その新たな一章を生きているわけです。少なくとも私にとってはそうです。一方、私がそれ以前にフッサールに抱いていた考えは、彼の講演という啓示、またはその知らせを受けたことで少し変化しました。それまで、私にとってフッサールは、多少通じてはいるもののそう多くのことを知らない哲学者でした。一九四一—一九四二年に手に入るフッサールのテクストはあまり多くありませんでした。私が彼について知ったのは、とくに三〇年代の初期サルトルの著作を通じてでした。『存在と無』以前に書かれた、自我（エゴ）や志向性に関する著作です。それからとくに、フッサールとハイデガーに関するエマニュエル・レヴィナスのたいへん素晴らしい論文のおかげでした。私はこのときすでに、私——未来の哲学者である私——にとって、フッサールはこの先助けになる哲学者に違いないと直感していました——歴史は私を哲学者にしないことに決めたわけですが、当時は、あえて申すなら「職業」哲学者になること、あるいはフッサールが言ったように「絶対へと純粋に奉仕する者」になること（それがフッサールによる大学の哲学者、職業哲学者の定義です）、それが自分の使命であると思っていました――。そんなわけで、この未来の哲学者はすでに、フッサールが私たちの助けになる人物であって、少なくとも私たちが何を問う必要があるか、我思(コギト)の明証な世界から超越論的なものの確実性に至るために何が必要であるかを教えてくれる人物であると理解していました。明証性から確実性へ移るということ、自明の自然的世界から現象学的還元によって構成された世界の確実性へ移るということは、すでに私が理解していたことでした。

　また私はフッサールにおおいに感謝してもいました。というのも、私がトロフィーのように誇ることができた唯一の学術表彰の経験――高校職業校コンクール・ジェネラル哲学部門の二等[★29]――を、私は直接的な形でフッサールに負っていたからです。一九四一―一九四二年度の冬学期、アンリ四世校の哲学クラスにいた私は、サント・ジュヌヴィエーヴ図書館に長時間留まれることを利用して[★30]、『哲学研究(ルヴュ・フィロゾフィック)』誌に載せられたレヴィナスの論文をいくつか見つけたのでした。それを読んだおかげで、私はフッサールについて書かれた論文や、フッサール自身の論文について、多くの知識を得ることができました。それからこの時期には初期のサルトルも読んでいました。コンクール・ジェネラルでは直観という主題が出題されましたが、私は自分の高校の哲学教師に逆らって――彼にとって不運にも――フッサール的なやり方で扱いました。彼は素晴らしい教育者ではありましたが、哲学者としてはアンリ四世校のしがない哲学教

★29　コンクール・ジェネラルは、フランスの高等学校および職業専門学校の最も優秀な生徒を顕揚するために毎年開催される伝統あるコンクール。ラテン語、ギリシア語、歴史、数学、哲学、物理学などの学科部門に加え、専門技術部門がある。

★30　フランス二大名門高校の一つ。アンリ四世校はサント・ジュヌヴィエーヴ図書館のほぼ隣にある。

師に過ぎませんでした。そんなわけで、この先生は私が直観の概念を、視覚と倫理に関するフッサールの図式に沿って扱ったことを面白くなく、遺憾に感じていて、結果を絶望視していましたが、結局、私はコンクール・ジェネラルで〔二〇点満点中〕一九点を獲得し、哲学部門の二等をもらったのでした。

さて、ジョージ・スタイナー[★31]の著作のひとつ、『聖書からカフカへ』[☆20]のなかには、「理性を誇ること、フッサール」というフッサールに関する論考があります。これはフッサールの哲学的書簡が出版されたさいに書かれたテクストですが、私はそこから一節を引きながら、再びこの国立図書館での連続講演へ、そして一九三五年のウィーンにおけるフッサールの講演へ立ち戻りたいと思います。スタイナーはこう書いています。「一九三五年にウィーンとプラハの講演を聴きに来た人たちはそこで続いて、おそらくこの時代に最も重大な——ウィトゲンシュタインの『論考』よりも、ハイデガーの『存在と時間』よりも重大な——哲学的提題がなされるのを見たであろう」。こうしたスタイナーの最近の評価は、ルブランがこの講演に認めた意義、そして彼が私のうちに呼び起こした関心を、これからこの講演を読む人にとっても確証しており、私はそれをたいへん嬉しく思っています。それからついでに述べると、スタイナーの論文とエセーを集めたこの小さな書物には、旧約聖書から引用された「鏡を通して、おぼろに」[★32]——それがスタイナーのエセーの題名です——というテクストがありますが、これはイスラエ

★31　ジョージ・スタイナー（George Steiner、一九二九—　）は、英・米・仏で活躍する言語哲学者、文芸批評家。ヨーロッパ諸語に精通し、古典文学、比較文学研究、言語論、教育哲学など多様な分野で著述活動を行なっている。

☆20　*De la Bible à Kafka*, Bayard, 2002; Hachette, « Pluriel », 2003.

★32　「コリント人への第一の手紙」第13章12節。

ルとユダヤ民族について書かれたもので、私が月曜にお話ししたマリタンのテクストを見事な仕方で拡張しながら、たんにそれを繰り返すのでなく、むしろその議論を引き継ぎ、さらに深い考察を行なっています。月曜にここに居らした方は、私が『イスラエルの謎』を引用したことを覚えておいででしょう。

さて、ルブランが私に暗唱したフッサールの講演では、最後に「理性の勇敢さ」について述べられていました。私はその例として先にパトチカを挙げましたが、ここからは、私の人生にアルブヴァックスの話を通じて、その訃報によって登場した、マルク・ブロックについて話すことにしましょう。もう一度言いますが、私はマルク・ブロックが抵抗運動で果たした重要な役割を知りませんでしたし、彼が一九四四年六月にゲシュタポによって逮捕され銃殺されたことも知りませんでした。アルブヴァックスは確か七月の終わりにブーヘンヴァルトに送られたので、彼がフランスを去る直前に受け取った情報は、まさに最新のものでした。私はジャン・カヴァイエス[★33]が逮捕され、死んだことは知っていましたが、まだ銃殺されたとは知りませんでした。私はそれでも少なからぬことを知っていました。占領下のパリではときどきマルセル・プルナン[★34]とすれ違いました——私たちはこっそり挨拶を交わしたものです——。おそらくまだ覚えている人もいると思いますが、彼はFTP〔＝義勇遊撃隊〕の参謀本部にいたのです。しかし、ブロックが、アルブヴァックスの話したような偉大なレジスタントであり、そうした死に方を

★33 ジャン・カヴァイエス（Jean Cavaillès、一九〇三—一九四四）は、フランスの数理哲学者。フランスの科学哲学の興隆に大きく寄与した。また対独抵抗運動の英雄であり多くの受勲経験をもつ。一九四三年に秘密警察に捕えられ、パリ解放の数か月前に銃殺された。

★34 マルセル・プルナン（Marcel Prenant、一八九三—一九八三）は、フランスの生物学者。コミュニズムの闘士でもあり、「反ファシスト知識人監視委員会」の枢要となった。

したことは知りませんでした。

マルク・ブロックと言えば、リュシアン・フェーヴルや他の人物たちと同じく、『年報』という冒険です。『年報』は間違いなく、現代のフランスの歴史家、さらには今世紀フランスの歴史家による最も重要な企てであり、またおそらくそれに続く世代と比しても、その道程、発意、想像力において、最も生産的で、最も創造的な歴史的企て、歴史学的企てであります。マルク・ブロックは一九一四年から一八年の大戦に参加していますが、始めは――私の間違いでなければ――伍長、最後は――やはり間違いでなければ――大尉でした。彼はたびたび受勲し、たびたび軍令表彰を受けましたが、それでも常に再び志願しました。彼は年齢や扶養家族を理由に動員免除を受けることもできましたが、繰り返し入隊し、自ら望んで動員を受け入れ、そして一九三九年から四〇年の戦争に再び参加しました。

しかし、この時代について話す前に、そして『奇妙な敗北』とこの感嘆すべき著書の意義について、その日増しに高まるアクチュアリティについて述べる前に手短かに思い出しておく必要があるのは、その数年前、フッサールがウィーンで講演を行なったときにすでに現われていた急性の危機が、その後どのような歴史の出来事によってあの戦争へと展開し、そこへ導かれたのか、ということです。

問題を急いで明確にさせるために――本当に大急ぎですので、簡略化は免れないことをあらかじめお断りしておきます――、まず第一に、この時期の西欧民主主義諸国の臆病な、成り行き任せの態度を表わしているすべての局面を指摘し、確認し、詳らかにしておかなければなりません。

一九三六年、ヒトラーがラインラントを再び軍事的に占領したさい、西欧諸国は行動を起こしませんでした。もしここで介入がなされれば、それは実際に有効だったはずです。ヒトラーは軍隊を再建するにはほど遠い状態にあり、四年後の一九四〇年に手にするような火力をいまだにまったく持ち合わせていませんでした。

一九三六年、スペイン戦争が起きます。スペインの民主主義が敗北したのは、大部分、西欧列強が不干渉政策をとった結果でした。

一九三八年、ミュンヘン会談での全面譲歩がありました[★35]。これによりチェコスロヴァキアがヒトラーに引き渡されます。

ヒトラーの野蛮な迫害の数々が突然生じ、具体化し、拡張していく過程で、民主主義諸国がとった態度がどれほどそれに影響していたか、つまり民主主義諸国が完全譲歩の態度をとったことがどれほど深く関係しているかを知ってもらうために、ごく簡単な解説を行ないたいと思います。一九三八年九月、ミュンヘンにて、ミュンヘン協定が合意されます。一九三八年一一月、「水晶の夜（クリスタル・ナハト）」が起きます。これは、ヒトラーとゲッペルスがドイツのユダヤ人に対して最

★35 ミュンヘン会談は、一九三八年九月に開かれた英仏独伊の首脳会議。この会談でドイツはチェコスロヴァキアのズデーテン地方の割譲を要求し、英仏首脳はこれ以上領土要求を行なわないことを条件に譲歩した。仏英の対独宥和政策の典型と見なされている。

初の大規模なポグロム〔＝ユダヤ人に対する組織的略奪・虐殺〕を計画した夜であり、最終的に何百、何千というドイツのユダヤ人の家や商店が破壊され、また彼らを強制収容所へ連行する最初の大規模な移送が行なわれました。人種法[★36]と行政による迫害はすでに何年も前から続いており、同様に、多くのユダヤ人教師がそれ以前から公職および教職から追放され始めていました。フッサールもそこに含まれていましたが、彼にとって教職罷免の措置はそれほど直接的に影響するものではありませんでした。彼は明確な業務規定のある具体的な教職からは言ってみればすでに引退していたからです。それにしてもなぜ一九三八年だったのでしょうか。それは民主主義諸国が譲歩したからです。私たちにはその証拠があります。一九三六年、二年前のダヴォスで、あるシオニスト運動家が一人のナチス党幹部を処刑しています。彼はグストロフという名前でした――偶然にも、ブーヘンヴァルトに収容された労働者が働いていた兵器工場は、グストロフ－ヴェルケ、つまりグストロフ工場と言いました――。しかし、このときには何も起きていません。ヒトラーの反応は外交的には極端に慎重でした。一九三八年、ミュンヘン会談ののち、一人の若いシオニスト運動家がパリでドイツ大使館の参事官を殺害します。ユダヤ人排斥運動に対して公けに異議を唱え、この問題に世界の関心を向けさせるためでした。そして水晶の夜（クリスタルナハト）が起きます。なぜならば、その数週間前、ヒトラーは民主主義諸国が譲歩するのを見たからです。彼は誰も行動を起こさないことを知っていたのです。ヨーロッパのユダヤ人問題

★36　人種法は、一九三五年九月にナチス政権下ドイツで制定されたニュルンベルク法（「ドイツ人の血と名誉を守るための法律」及び「帝国市民法」）を指す。この法律により、ドイツ在住のユダヤ人から公民権が剥奪された。

に答えたのは法王の黙禱だけでした。

そこには直接の結びつきがあるのです。それからもちろん、この時期には別の大きな出来事がありました。独ソ不可侵条約[★37]です。手短かにお話ししましょう。この事件については何時間でも話ができてしまいますから。スターリンの観点から見た場合、そこで行なわれた駆け引きの意味について何もおかしな点はないと思います。それは時間を稼ぎのための古典的、マキアヴェリ的な術策でした。すなわち、民主主義諸国とヒトラーが互いに戦って疲弊するのを待ち、将来的にそこに介入する切り札を残しておきながら、現時点ではあくまで戦争に関わらずにいられる——というのも、この戦争は当時「帝国主義国家間戦争」と呼ばれていたのです……——、それを狙ったものでした。その結果は、国際的なコミュニズム運動にとっては言うまでもなく有害でしたし、運動がこうむった悪い影響はさらに広く、さまざまな国の労働者階級にも波及しました。各国の労働者階級は、帝国主義戦争に対する方針をなくし、気勢をそがれ、——多かれ少なかれ直接的に、多かれ少なかれ効果的に——それとは対立する位置に置かれてしまったのであり、いずれにせよそれに対して意見表明をすることから遠ざけられてしまったのです。しかしながら、このとき帝国主義戦争と言われていたのは、実のところ、反ナチズム戦争だったのです。

ここで不可侵条約の政治的な詳細に立ち入ることはしませんが、いずれにせよ、何千、何万

★37　独ソ不可侵条約は、一九三八年八月にドイツとソ連の間で結ばれた相互不可侵条約。付属の秘密議定書ではポーランドとバルト三国の分割が取り決められ、翌月ドイツはポーランド侵攻を開始した。それまで反ファシズム政策をとっていたソ連の態度が一変したことは、国際コミュニズム運動に大きな衝撃を与えた。

というコミュニズムの活動家や、彼らの運動に同調した反ファシズムの知識人に至るまでの人々にとって、この条約が意味していたのは、人任せにすることでした。私たちはそこに、その後ヨーロッパの歴史において、コミュニズム運動や、コミュニストの影響を受けた運動が不在になるきっかけを見ることができます。確かに、ソ連は一九四一年のナチスのソ連侵攻に続いて積極的に動き出し、参戦していますし、またフランスの抵抗運動（レジスタンス）においてもコミュニストたちが一団となって勇敢に戦いました。しかし、それでも不可侵条約がヨーロッパの歴史とコミュニズム運動の間にひとつの断絶を生み出したことに違いはありません。不可侵条約に対しては、ありとあらゆる種類の反応がありましたが、そのうち二つだけ紹介します。ひとつは、左の――と申しておきましょう――陣営からの反応、もうひとつはキリスト教陣営からの反応です。後者は、かなり意表をつかれると思いますが、ジャック・マリタンの反応です。ジャック・マリタンはこの三回の講演を通じて、少しずつ私たちの企図に参加しています。

まず、ヴァルター・ベンヤミン[★38]の反応です。洗練され、謎めいた、ときに神託的な難解さをもつ作家であり、また並外れたエセイストであるベンヤミンですが、彼は当時パリに亡命しており、この首都に関する未完の主著を執筆していました。彼は現代性（モデルニテ）の首都としてのパリについて、すでに多くのことを書いていましたが、問題となるこの主著は『パサージュ論[☆21]』と名づけられました。なぜなら「アーケード通り（パサージュ）」について書かれているからです。アラゴン[★39]もま

★38　ヴァルター・ベンヤミン（Walter Benjamin、一八九二―一九四〇）は、ドイツのユダヤ人思想家、批評家。マルクス主義とユダヤ神秘思想を背景とした独自の思想により、西欧近代文化について多くの批評を書いた。一九三三年にパリに亡命、一九四〇年アメリカに亡命する途中スペイン国境で自決した。

☆21　*Paris, capitale du XIXe siècle: le livre des passages*, Cerf, « Passages », 1997 (trad. Jean Lacoste).〔邦訳『パサージュ論』全五巻、今村仁司、三島憲一訳、岩波現代文庫、二〇〇三年。〕

★39　ルイ・アラゴン（Louis Aragon、一八九七―一九八二）は、シュールレアリスム運動で活躍したフランスの詩人、小説家。三〇年代からスターリンの死まで、コミュニストの作家として政治参加した。

た、二〇年代、三〇年代のパリで、パリの数々のアーケード街を賞賛し、この街を通じて現代性(モデルニテ)の分析を行ないました。[☆22] ベンヤミンには、『歴史の概念についてのテーゼ』という名で知られる小著があります[☆23]――この小著はおそらく一九四〇年、ベンヤミンが敗戦後フランスを離れる直前に書かれています。彼はその道中スペインのポルボウで自殺しました。スペイン国境を非合法に越えたとしても、ヴィシー政権統治下のフランスに送り返されるだろうと考えたからです――フランコ派の警察の意図が本当にそうであったかは必ずしもわかりませんが、いずれにせよベンヤミンはそう信じ、ポルボウで自決したのです――。その少し前に彼はこの『歴史の概念についてのテーゼ』を書いたのですが、そのテーゼのひとつは、独ソ不可侵条約の――彼にとっての――結果に、きわめて直接的に、きわめて明白に関わっています。ベンヤミンは彼特有の文体でこう述べています。「ファシズムに敵対する人々に希望を与えていた政治家たちは地に臥し、自分たちのかつての信条を裏切って敗北を堅固にしているが――言われていることはかなり明確です――、ここで行なわれる考察は、そうした善意の人間たちによって惜しげもなく振りまかれた約束により丸め込まれた同時代の子供たちに向けられている。私たちはと言えば、左翼政治の根本的な悪徳が掴んで離さない信念から立ち去ろう。私たちはこれら悪徳のうちなにより三つを告発する。すなわち、進歩への盲目的な信頼、それから力への、正義への、大衆のただなかで形成される拙速な反応への盲目的な信頼、そして政党への盲目的

☆22 Dans *Le Paysan de Paris*, Gallimard, 1926, 2004.〔邦訳、『パリの農夫』、佐藤朔訳、思潮社、一九八八年。〕
☆23 Dans *Écrits français*, Gallimard, « Folio Essais », 2003.〔邦訳、『［新訳・評注］歴史の概念について』鹿島徹訳、未來社、二〇一五年。〕

信頼である。私たちの精神にとって最も馴染み深い習慣を、大真面目に狂わせてやらねばならないだろう」。そうです、歴史自らが少しずつ断行していた数多くの帰結を理解するためには、マルクス主義者たちの精神に最も大切だった習慣を、大真面目に狂わせてやらねばならなかったのです。

第二の奇妙な反応、たいへん興味深い反応は――といっても、彼の政治や神学に関する著作に通暁していれば、それほど奇妙ではないのですが――、トロツキー[★40]の反応です。レオン・トロツキーは独ソ不可侵条約に反応を示しますが、それは、この条約によってトロツキーの分析は完全に書き換えられると主張する彼の友人やアメリカの活動家とは反対の反応でした。トロツキー主義は、労働者国家の退化し、堕落した官僚階級の性格について分析を行ないますが、トロツキーの友人やアメリカの活動家は、もはやそうした分析に留まってはいられない、労働者階級とはなんの関係もない別の政治体制〔＝スターリン政権下のソ連〕が存在することを断固告発せねばならないと主張しました。ところがトロツキーは彼らに反対して、不可侵条約が引き起こす多くの結果をむしろ「擁護」し、ナチスのポーランド占領と分割を「擁護」あるいは正当化したのです。というのも、彼は非常に見事な弁証法的発想をもって、こう考えたからです。〔不可侵条約に続くポーランド分割において〕ソヴィエト軍によって占領されたポーランドの地方では私有財産が廃棄されたのだから、これは一歩前進である、と。私有財産廃止は一歩前進である、そし

★40 レオン・トロツキー（Leon Trotskiy、一八七九―一九四〇）は、レーニンとともに十月革命を指導したロシアの革命家。レーニンの死後、永久革命論を唱え、一国社会主義を唱えるスターリンと対立。一九二七年に共産党から除名され、国外追放。メキシコで暗殺された。

て、万が一にもドイツ軍、ナチス軍が侵攻し、ロシア人によって、ソヴィエト人によって、スターリンによって占領されたポーランドの領土を再度占領しようとするなら、ポーランドの労働者は、スターリンにより外国の運搬車（ファルゴン）で運ばれた〔＝他国の侵略という皮肉な形で獲得した〕私有財産廃止を防衛するためにナチス軍と戦わねばならない。これがトロツキーのテーゼなのです。

マリタンはというと、彼は不可侵条約に大喜びして、たくさんの記事を書き、一九三九年九月と一〇月、つまり戦争が開始して間もない時期にそれを公表しています。その日その日に書かれた論評や論説などです。そのうち後半に書かれた部分についてはあとで立ち戻りますが、本当に見事なテクストで、政治的な慧眼と知性に満ちています。さて、その前半に書かれた部分では――前半部分といってもそれは他の記事といっしょに混ざっていて、それを私が部分として分けているのですが――、マリタンは最初の記事――一九三九年九月一二日、つまり第二次世界大戦勃発の十日後に書かれた「ヨーロッパは滅びないだろう」――のなかで早くもこう書いています。「ヨーロッパの精神的な状況は完全に変化したと私は述べた。この変化の輝かしい徴が、独露条約である。この条約は敵を暴いたのである」。彼は次のような考えを展開します。現在まで、私たちはひとつの悪に対して別の悪を選ばねばならないという苦悩、曖昧さのなかを生きてきた。私たちキリスト教徒、私たち民主主義者は、ナチズムという絶対悪に対抗するため、いわゆるボルシェヴィキという悪を選ばねばならなかったのだ。しかし、それは悪徳であり、自分たちの政治的態度を完全に堕落させることである。今日、私たちは二つの全体主義が一体であることを知っており、だからこそ自分たちの政治がもっと明るいものであること、道徳的に見てもっとたやすく開発され、正当化されうるものであることを知っている、このようにマリタンは述べています。次に後半に書かれた部分がきます――もう一度言いますが一九三九年の九月と一〇月に書かれたものです――。まず「正義の戦争」、次に「道徳的刷新が必要だ」、四番目に「戦争と人間的自由」、五番目に「連邦的解決に向けて」という論考がきます。本当に手短かにお話しします――というのも時間が予想以上に早く過ぎています。少なくとも私にとってはですが――。「正義の戦争」のなかでマリタンはこう述べています。西欧民主主義諸国が遂行しているのはイデオロギー戦争ではない、それはとりわけ聖なる戦争などではなく、たんなる反ナチズム戦争である。しかし、この戦争が終わりまで正しい戦争であるためには、第一次世界大戦と「その後の日々」から厳しい教訓を学び取り、将来にわたってそれを失わずにいなければならない。さらにマリタンは、一九三九年九月に――このときはまだ何事も起こっておらず、「奇妙な戦争」と呼ばれるものが腰を据えていたわけですが――こう書いています。「ドイツ国民をヒトラーや人種主義と同一視すること、ドイツを服従させ懲罰的に国を細分化しようと望むことは、政治的に非常識であると思う」。一九三九年九月です。彼はすでに、勝利の暁にいかなる条件でドイツの問題と取り組むべきかと自問しているのです。また逆にこう書いてもいます。「とはいえ、ヒトラーを転覆するだけでよいとか、統一ドイツ、帝国という理想に取り憑かれたドイツを、共和制であろうがワイマール的な政体であろうが、そのまま存続させればいいと考えるのも、私にとっては妄想に等しい」。彼はこう付け加えています。「問題の解決は、ドイツ、そしてヨーロッパ自体の連邦的機構である。そのためには、プロシアを無力化させる措置を取り、あらゆるナチズムの遺産を無化することが前提となる。解決の模索が向かうべきなのはこうした方向である」。

一九三九年九月です。このキリスト教徒の哲学者は、フランスやアメリカの報道機関を通じて発表されたこれら一連の記事において、ヒトラーのドイツが降伏し、正義の戦争が終わったあとの平和プログラムを構想していたのです。彼は勝利を疑いませんでした。戦略的な理由からというより、むしろ形而上学的な理由からです。マリタンはヒトラーのドイツが戦争に勝つことはありえないと述べています。さらに先で、彼はヨーロッパについて論じながら、「ヨーロッパは自軍をいかに処すべきか」と自問し、次のように答えています。当然、〔各国国民軍を〕武装解除する政策を立案し、徴兵による義務兵役を廃止して、ヨーロッパ連邦軍を創設しなければならない。ヨーロッパ連邦軍――あるいは憲兵、と彼は書いています――とは、必要ならば軍事介入することができる軍隊であり、介入はヨーロッパ連邦の企図に沿って、ヨーロッパが攻撃されたさいに必ず生じるであろう民主的総動員の準備として行なわれる。またそれに当然伴う帰結として、未来の平和なヨーロッパにおいては、伝統的資本主義と社会主義が乗り越えられねばならない。そこで私たちはこの伝統よりさらに伝統的なヴィジョンにもう一度舞い戻ることになる。資本主義と社会主義の超克がなされるのは、キリスト教のもつ政治的思想、キリスト教的民主主義の思想という、さらに伝統的なヴィジョンにおいてである――このようにマリタンは論じています。

マリタンにとって独ソ条約は――彼はそれを「独露条約」と言っています――このうえない朗報でした。彼はそれを利用することで、ヨーロッパの平和な未来のための条件を入念に構想できたからです。また、条約によって彼はアメリカで本を書いた作家になります。彼は一九四〇年春にアメリカのいくつかの大学で講演をするために渡米しますが、その間にフランス軍が瓦解したため、そのままアメリカに留まり亡命生活を送ることを余儀なくされたのです。そうしたわけで、彼は戦争の間ずっとアメリカで過ごし、自由フランス[★41]の組織に協力しながら、政治や哲学に関する個人的な著述活動を続けました。そこで書かれた『災厄を越えて』という小著には、フランスの敗戦の理由とその結果に関する彼の考えが書かれています。この本はマルク・ブロックの『奇妙な敗北』と比較することができます。というのも、思考方法や観点は当然異なっているとはいえ、二人は肝要な点で一致しているからです。この時代に書かれた書物の星図を飾る三番目の著作に加えられるのは、レオン・ブルムの著作『人間の尺度で』です。

★41 「自由フランス」(France libre) は、ナチス・ドイツのフランス占領中にシャルル・ド゠ゴールがロンドンで樹立した亡命政権、およびその呼びかけによる対独フランス解放運動。

他の三冊より少し遅れて、一九四一年一月に執筆されていますが、これもまた思慮深い本です。レオン・ブルムがヴィシー政府、ペタン元帥によって裁判にかけられたことを覚えておいででしょう。一九四二年リオンで開かれた有名な裁判です。この裁判でブルムは、フランスの他の政治指導者や大臣その他とともに、ドイツに対する敗北の責任を負わされます。おかしなことにリオンでは、ドイツのおかげで政権についたペタンが、戦争を敗北に導いたと彼が見なした人々の裁判を行なったわけです。ペタンはリオンの裁判で、自分の政策に対して見事な弁論を行なっていますが、そのとき並行して書かれたのが『人間の尺度へ』という本でした。これは『奇妙な敗北』や『災厄を越えて』とともに、その当時を分析した一種の民主主義に関する資料と見なしうるものです。

私の考えでは、この三冊のうち最も的確なもの、最も衝撃的なもの、最も素晴らしいものこそ、マルク・ブロックの『奇妙な敗北』です。そこにはひとつの語調、ひとつの文体があります。散文として凄い文体があるということではなく、なにか驚くような効果を与える文体があるのです。そこには偉大な書物を書くのに必要なすべての材料が揃えられています。怒りと愛、明晰な分析、フランスを導くことに失敗したエリートたちに対する憤激、この失敗の犠牲となったフランス人民と兵士たちへの擁護などです。私たちが手にしているテクストは、まるで三つの異なる水準の考察を含むかのように、三段階に分けて構成されています。これは一九四〇年の七月から九月、およそ二ヶ月の間に大急ぎで書かれたものです。書き上がったのち、この本は放っておかれ、そのまま埋もれてしまいました。当時出版できる内容ではなかったからです。その後も原稿は幾多の苦難を経験しましたが、戦後ようやく救い上げられ、出版にこぎつけることができました。しかしこの本はなんと言っても、ブロックが言わば歴史と——そして彼、マルク・ブロック自身と——会合する日のために書いた本なのです。この本を書いたのち、彼は大学人の生活と、次第に激しさを増す抵抗運動に専心していきました。そして、抵抗運動は、ゲシュタポによって彼が逮捕され、一九四四年六月に処刑されるときまで、彼の人生すべてを覆い尽くしました。

さて、先ほどすでに申しましたが、これは三段階に分けて構成された本です。最初の段階は最も単純で、最も直接的な段階です。それが「証人の紹介」と題されたこの本の第一章になります。そこで紹介されるのは、まさしく証人である士官ブロックであり、参謀本部における彼の人生であり、紆余曲折のなかで起こるさまざまな不条理——皆さん自分がクールトリーヌ[★42]を読んでいるような気になるでしょう——、そして一九一四—一八年、一九三九—四〇年の戦争を生み出した、フランス軍隊の官僚主義的な無能さ、愚かしさの数々です。

第二の段階は、「ある敗者の供述」です。ここでは出来事の私的、個人的な側面が分析によって乗り越えられ、敗北について最初の総括が試みられます。彼が目撃し得たことや学び得た

★42 ジョルジュ・クールトリーヌ（Georges Courteline、一八五八—一九二九年）はフランスの喜劇作家。『リドワール——騎兵隊滑稽譚』（一八八六年）をはじめ、自身の兵役体験をもとにした戯曲や風刺小説を多く書いた。

ことが検討されます。彼は出来事すべてを記憶のなかで再構成するという逆向きの仕方で自分の資料を作成しています。これは固有の意味での歴史家の仕事ではありません。この仕事をしているのは一人の偉大な歴史家なのですが、彼がしているのは作家の仕事、証言者の仕事です。こうして彼は、軍の不首尾、フランスの軍事戦略における思考の遅れ、指揮系統全体において老人たちが占めていた地位などを再構築していきます。

そして第三の段階、これはおそらく私にとって最も感動的で私に一番強く訴えてくる部分でありますが、それは「あるフランス人の意識の検証」と名づけられています。ここではフランス社会の諸問題が取り上げられます。なぜフランス社会はかくも奇妙な形で打ち負かされたのか、なぜこれほど早く瓦解してしまったのか、いかなる点でフランス社会は頽廃していたのか、いかなる点でエリートたちは自分の役割を果たさなかったか、そして——なによりまず——いかなる点で労働組合は自分の役割を果たさなかったか、といった問題です。最後の問いについて、ブロックは道行きに言及しているだけですが、私たちはさらにこの問いを、ブロックの思考に添いながら次のように展開することもできるでしょう。つまり、不可侵条約ののち、コミュニストたちの態度、さらにより広範に、指導的な労働者たちの態度によって生じた士気の低下は、この戦争でどのような役割を果たしたのか、と。

この本には社会の分析が丸ごとひとつ収められており、その分析は驚くほど多岐にわたっています。例を挙げるのは二つだけにしましょう。なぜなら一番良いのは、言うまでもなく、この本を読むこと、あるいは再読することだからです。私はというと、白状すれば、この本を一年に一回は読んでいます。一年に一回ともなると、もう何度読んだか覚えていません。この本は運良くフォリオ版、文庫版になっているので、簡単に入手し、そこにメモ書きをしたり、それを置き忘れたり、失くしたり、また買い直したりすることができます。というのは、実際に私が消費してきた『奇妙な敗北』がかなりの数だからです。さて、本からひとつ引用します。この本の皮肉っぽい部分には、じつに多くのアイロニーが込められており、それはときに、いえ、たいてい、痛ましいほどです。マルク・ブロックの著書には多くのアイロニーがあります。彼は本の始めにこう書いています[★43]。「ある特異な歴史の法則が、国家と軍事指導者の関係を規定しているように思われる。指導者たちは勝利すると、ほとんどつねに権力から遠ざけられる。だが彼らが敗北すると、勝利に導けなかった国自らの手で、彼らは権力の座に迎えられる。マクマオンはセダンの敗北にも関わらず、またヒンデンブルクは一九一八年のドイツ崩壊のあとで、自分たちの敗北の結果誕生した体制の命運を担うことになった。またフランスが指導者に頂いた、あるいは頂くにまかせたのは、ヴェルダンの勝者ペタンではなく、ルトンドのヴェガンでもなかった[★44]」。この一節から始まり、ブロックの言う歴史の奇妙な法則に従ってヴィシー政権が成立したとき、くたびれた老人たちがどのような役割を演じたかが批評されてい

★43　正確には第二章の第三段落。

★44　マクマオン元帥、ヒンデンブルクはそれぞれ普仏戦争と第一次世界大戦の敗戦の将であり、敗戦後いずれも大統領になった。ペタン元帥とヴェガン総司令官はともに第一次世界大戦の英雄。ドイツ占領中のヴィシー政権でそれぞれ首相、国防相を務めた。

きます。そして次に、私にとってこの本で最も美しい二ページがやってきます。おそらくそれは、レジスタンスに参加した人たちの思い出のなかでも、またそこで亡くなったすべての人やまだ存命の人の記憶のなかでも、そしてあれら偉大な知識人たち、あれら偉大なフランスの大学人たちの記憶のなかでも、最も美しいページであろうと思います。カヴァイエスのことを思い出してもいいですし、ジャン＝ピエール・ヴェルナン[★45]のことを思い出すこともできます——好運にも、彼は私が皆さんにお話ししているこの時もまだ生きています——。そのページでは、戦う必要性、危険に立ち向かう必要性が問題になっています。それはさらに、私にとってとても大切な考えが記された別のページに呼応しています。その考えとは、今日のような社会において、生きることは最も重要な価値ではないということです。この箇所が見つかるのは本の末尾付近、終わりから二ページのところです。そこでマルク・ブロックはこう書いています。「もし不幸な運命によって、次にイギリスが打ち負かされるとしたら、私たちの身に何が起こるだろうか（ブロックは一九四〇年夏に、英国は孤立するだろうと書いていますが、それは次回講演でのジョージ・オーウェルとの出会い、対面に少し関わっています）。それは、この国の立て直しを間違いなく長きに亘って遅らせるだろう。とはいえ、たんに遅らせるだけであると私は確信している。我々国民の奥深い活力は無傷のまま残されており、いつでも再び盛り上がるだろう。反対に、ナチズムの活力の方は、ドイツの現在の指導者たちによって課され

★45 ジャン＝ピエール・ヴェルナン（Jean-Pierre Vernant、一九一四—二〇〇七）は、フランスの歴史学者であり、古代ギリシア研究者。占領時代には抵抗運動に参加した。

た際限なく高まる緊張にいつまでも耐えられないだろう。結局、『外国から運搬車（フルゴン）で運ばれた』制度もこの国でしばらくのあいだ存続することができたが、それもやはり、誇り高い国民の嫌悪感を前にしては、死刑囚の猶予期間以外のなにものでもなかった。我々はすでに、占領の傷口が日ごとますます容赦なく自分たちの肉体に食い込んでいることに気づいていないか。もはや誰ひとり、初めの見かけだけのくつろぎに騙されてはいない。我々世論がヒトラー主義の何たるかを判断するには、ただそれが活動するさまを見るだけで十分である。そうは言っても、イギリスの勝利を思い描く方が私にとってどれほど好ましいことか。連合軍によって我々が自分の運命を再び手中に取り戻せる日は、いつやってくるのだろうか。そのときは、ばらばらになった国土が、ひとつ、またひとつと解放されるのを見るのだろうか。危機に瀕した祖国の新たな呼びかけに従って、一群れ、また一群れと義勇軍が波のように形成されていくのを見るのだろうか。自治政府がいずこかに生まれ、それがゆっくりと拡がっていくのを見るのだろうか。それとも、我々はなにか全面的な飛躍によって突然救い出されるのだろうか。一人の老いた歴史家はそんな想像をめぐらす。彼の貧しい知識では、そのうちどれを選ぶべきかはわからない。だが私は率直にこう述べよう。私はいずれにせよ、我々がまだ血を流すことを望んでいる、と。たとえそれが自分にとって大切な存在の血だとしてもである。私は自分の血のことなど話してはいない。私は自分の血にたいした価値を認めない。なぜなら、何も犠牲にせず得られる救済はないからである。自らそれを勝ち取ろうとつとめない限り、国民の自由が十全であることはないからである」。

私はここにすべてが言われていると思います。その語調においても、文体においても、その正しさにおいても、道徳的気概においても、マルク・ブロックは「理性の勇敢さ」を体現しています。彼はそうして、数年前にフッサールが喚起したことを真にし、それを真実に、生きた真実にしているのです。

『奇妙な敗北』が今日アクチュアリティをもつことについて、私は一言だけ述べておきたいと思います。私はこの本のアクチュアリティが近年次第に大きくなっていると思うのです。もちろん、マルク・ブロックが大まかな、ただし鋭いタッチで行なった三〇年代フランス社会の分析を、そのまま現代の分析に重ねるとしたら愚かな――さらには幼稚な――ことだと思います。言うまでもなく三〇年代から今日までに変化したことは多い――間違いなく決定的なまでに多いのです。しかしその一方で現在も続いているものがあります。とりわけ、この国における改革への並外れた要求です。それは、今日、私たちの時代、私たちがこの国で生きている時と同じくらい、一九四〇年にマルク・ブロックがこの本を執筆したときにも求められていました。すなわち国家の改革、公衆の機能の改革、労働者と政党の役割の改革など、あらゆる種類の改革であり、それはいまだ部分的に手をつけられ、部分的に取り入れられているにすぎません。私たちはときどきマルク・ブロックを読みながら、とても奇妙な印象を抱いたものです。彼はまるで自分が経験したことについて語っているのではなく、私たちがこれから生きようとしていることについて、私たちがこれから生きることを余儀なくされていることについて話しているようだ、と。

もしマルク・ブロックの本を、先ほど述べたマリタンの『災厄を越えて』とブルムの『人間の尺度で』に共鳴させるとすれば、私たちは次の結論に至ります。三人の人物――一人の社会民主主義者、それから一人のキリスト者であり哲学者でもあるトマス研究者、そして一人の無党派の共和主義者、民主主義者にして生涯ずっと無神論者であろうと望んだ歴史家――、彼ら三人の間にどれほど重大な差異、ニュアンスや問いの立て方や方法論の違いがあろうとも、彼らが書いた三冊の書物はいずれも民主主義の記念碑であるという結論です。マルク・ブロックは、一九四一年三月一八日、自分の遺言としてきわめて美しい数ページを書きました。ブロックは、故人の家であれ墓地であれ、自分が死ぬ日には、次に記す言葉を誰か友人が読み上げるのを引き受けてくれることを願う、と述べています。私は厚かましくもその友人の地位を引き受けて、ここでマルク・ブロックの遺言状から引用した文章を読みたいと思います。

私は自分の墓の上でヘブライの祈禱が朗唱されることを一度も望まなかった。我が多くの先祖たち、そして我が父その人が最後の安息に向かったとき、その調べが確かに彼らの道行きに伴っていたとしても。私は生涯を通じて、表現と精神において能う限り完全に誠実であることを心がけた。虚実に対する寛容は、たとえそれがいかなる口実で飾られようと、魂の最悪の病害であると見なした。自分よりはるかに偉大だった或る人と同じく、私は碑銘のすべてとして、ただこの短い言葉を墓石に刻んでくださることを願う。« Dilexit veritatem »［彼真実ヲ愛セリ］。それゆえ私は、今生の別れのとき、あらゆる人が己れの何者であったかを総括する務めを負うときに、私の名で、私がその信条を生前まったく認めることのなかったユダヤ正統信仰に対して恵与が求められるのを容認することはできなかった。しかし、この誠実さゆえの行ないのうちに、誰かが卑怯な否認に似たものを見いだすとすれば、それは私にとっていっそう忌むべきことである。それゆえ私は、必要ならば死を前にして断言しよう。私はユダヤ人の生まれであると。そして、かつてこのことを否認しようと考えたことはなく、否認する誘惑にかられるいかなる動機も見いださなかったと。このうえない残虐な野蛮に襲われているこの世界において、ヘブライの預言者たちの高潔な伝統は、キリスト教によりその最良の部分において回復され、発展せしめられたのであって、それは私が生き、信じ、戦う最良の理由のひとつであり続けていないだろうか。★46

★46　最後の一文は、引用元のブロックのテクストと異同があったため、引用元の訳を採用した（ただし原文では「私が生き」ではなく「我々が生き」となっている）。フランス語版に記載された文は以下の通り。「ヘブライの預言者たちの高潔な伝統は、キリスト教によりその最良の部分において回復され、発展せしめられたが、それは私が生き、信じ、戦う最良の理由の一つすら私から盗みはしない」。

これが、マルク・ブロックの最後の呼びかけの一部です。彼は自分の墓石の上に人がこれを読むことを望みました。『奇妙な敗北』と、その精神においてこれととても近い二つの書物――レオン・ブロムとジャック・マリタンの『人間の尺度で』と『災厄を越えて』――について先ほど述べた結論に戻るならば、彼らの間で一致していたのは、民主主義に対する――絶対不変の――信であったと私は思います。民主主義のことを、ある人たちは形式的と呼び、別の人たちはリベラルと呼び、また別の人たちはユダヤ的と呼び、さらに別の人たちは無機的と呼びます。民主主義は二〇世紀を通じて最も中傷された政治システムであり、あらゆる過激派から最も攻撃されたシステムです。しかし民主主義こそが、三人の人間に――そしてとりわけマルク・ブロックに――あの途方もない力、三人をその例証たらしめる勇気を与えたのです。

ジョージ・オーウェル★47

一九四〇―一九四一年、ロンドン

私たちがこの小旅行を始め、ヨーロッパの歴史と抵抗運動（レジスタンス）の思想を辿り始めたのは三月一一日でした。偶然、まったくの偶然によってこの日は、一九三八年三月一一日、つまりヒトラーが軍隊にオーストリア侵攻の命令を発し、併合（アンシュルス）を引き起こした日の六〇年後に当たりました。私たちは一昨日その続きを辿りました。それは三月一三日、すなわち一九七七年にヤン・パトチカが亡くなった日でした。フッサールの若い生徒だったプラハ人、ヤン・パトチカは、フッサールの講演の続き――というよりまさにウィーンと同じ講演をプラハで再現することを計画し、また重要なかたちでフッサールの未刊行草稿の救済に参加しました。草稿は四万枚を越えますが、ルーヴァンのフランシスコ修道士ヴァン・ベンダのおかげで、少しずつ刊行されてきました。講演の構成上、本当に残念ですが、パトチカの哲学の意義を説明する時間を設けることはできませんでした――詳細に語るのは本当に不可能でした――。パトチカはその模範的生涯、模範的な死において興味深いばかりではなく、アクチュアルな意義ももっています。彼の

★47　ジョージ・オーウェル（George Orwell、一九〇三―一九五〇）は英国の小説家、評論家。スペイン内戦に義勇兵として参加。ルポルタージュ『カタロニア賛歌』（一九三八）をはじめ、多くの文学論、社会評論を書いた。全体主義を風刺した寓話小説『動物農場』（一九四五）、アンチ・ユートピア小説『一九八四』（一九四九）で知られる。

現代性（モデルニテ）をめぐる現象学的批判の試み――こう言ってよければ、ある種の現代性（モデルニテ）の現代的批判の試み――は、多くの場合成功しており、慎重に検討すべき重大な意義をもっています。

今日は三月一五日、ローマ暦でいう三月のイードゥースです。私たちは再び偶然によって、この旅路をさらに意味深い日付で終えることになります。一九三九年三月一五日、これはヒトラー軍がプラハに侵攻した日です。ヒトラーはミュンヘン協定の合意によって恐れるものがなくなったのでした。またこの日は、スペイン戦争が終結を見た日、少なくともそうした日のひとつでもあります。マドリードが陥落したのは、ひとつの内戦の終結としては考えうる限り最悪の状況においてでした。というのも、反フランコ統一軍はこの戦争を仲間同士の血みどろの決裂によって終えたのです。アナキストや社会主義者の率いるスペイン共和国軍部隊と、コミュニストの率いる共和国軍部隊との間に凄惨な衝突が起きました。アナキストと社会主義者から成る部隊は、コミュニストの部隊を攻撃し、沈黙させました。というのも、コミュニストたちはマドリード防衛のための戦いを続けたいと考えていたからです。同じ信条をもった闘士たちの間の分裂と流血、これは戦争の終結として最悪のかたちです。この分裂の焦点となったのは軍事革命政権による決定でした。コサド大尉が議長を務めるこの政権は、職業軍人でありながら共和政に忠実だった軍人たちによる臨時政府です。彼らはフランコ政権に対して、自分たちの名誉を保ちつつ和平を得るための交渉を行なうことに決め――結局それは得られませんでしたが——、その帰結としてコミュニストが先導していた部隊を沈黙させ、無力化するという決定を下しました。コミュニストたちが戦いを続けようとしていたからです。この分裂は、その後の反フランコ主義の歴史を通じて、まるで化膿した傷口のように重たい問題として圧し掛かることになりました。この分裂が遠因となり——新たな世代からはそれが原因であると忘れられることもありました——、数十年に亘るフランコ独裁政権の間、反フランコ抵抗運動、政治的抵抗運動は自分たちの統一を見出そうとするたび困難に直面することになりました。そして最後に、三月一五日はボルシェヴィキ共産党第一八回会議でスターリンが大会報告のために登壇した日でもあります。この会議はその数日前の三月一〇日に始まり、スターリンの人格崇拝の絶頂のなか、彼の報告をもって閉会することになります。これは今日の話の前史となる部分なので、皆さんにスターリンの報告の分析を課すつもりはありませんが、一点だけ、この報告にはとくに思い出しておくべき興味深い点があります。まず、スターリンの報告の国際政治に関する章の結論部分です——総書記のあらゆる報告は厳密な規範に従ってコード化されており、必ず、国際政治に関する一章、国内経済に関する一章、そして共産党の今後の方針に関する一章という構成になっています★48——。この章は神託のように謎めいた一文で終わっており——一九三九年三月一五日の時点では謎めいていました——、すぐさまあらゆる専門家、あらゆる犯罪学者がこの一文の解読を試み、彼らが内心読みたがっている内容に大なり小なり一致

★48　原文では第三章も「国際政治に関する一章」となっているが、実際の大会報告は「ソ連の国際的状況」、「ソ連の国内状況」、「共産党のさらなる強化」の三部からなるので、著者の誤りとみなして本文のように修正した。

するような説明をそこに与えたのですが、その一文とはこうでした。「いずれにせよ、我々が次回の戦争で火中の栗を拾うなどと帝国主義諸国が期待しないことを望む」。のちになってもちろん、人はスターリンの言わんとしたことが何であったかを理解しました。スターリンはここで民主主義諸国との間で結びつつあった同盟を破棄し、ドイツとの協調路線に向かうという意図を告げていたのです。この当時、スターリンがヒトラーのドイツに対してどのような態度を取るつもりか――協調路線なのか、抑制路線なのか、中立路線なのか――はなかなかわかりませんでした。この報告でとりわけ重要な点は、そこに一言もスペインのことが書かれていないことです。この時スペイン戦争は終結間近であり、マドリードは少しずつ陥落していました。国際旅団の軍事参加があり★49、武器売買があり、国際政治がまるごとそこにあったわけですから、スターリンのソヴィエト連邦にとって国際情勢のなかでスペインがもつ役割は重大でした。ソ連の政策をどのように評価するにせよ、いずれにしてもスペインはその中心にあったのです。それにもかかわらず、スペインについて一言もないのです。まるでこの戦争は、歴史が好きなように決算するのに任されてしまったかのようでした。

少しスペインについて話しましょう。というのもジョージ・オーウェルについて話そうとしているのですから。皆さんはきっとご存知でしょうが、ジョージ・オーウェルというのは、エリック・ブレアの偽名です。ジョージ・オーウェルは、私の選んだ三人の証言者の一人ですが

★49「国際旅団」(Brigades internationales)は、スペイン内戦の際に共和国政府側に立ってフランコ反乱軍およびドイツ・イタリア軍と戦った外国人義勇兵による部隊。

——この三人の周りにもまた非常に多様な、非常に興味深い人物たちが取り巻いていて、もしかすると別の三回講演を行なうに値するかもしれません——、他の二人とはだいぶ毛色が違います。哲学者フッサールと歴史家ブロックはともに栄誉ある大学人であり、名声を博した影響力のある作品の著者でした。彼らは二人とも——これはおそらく偶然ではありません——ヨーロッパ文化のなかに溶け込んだユダヤ人知識階級(インテリゲンチャ)の一員であり、この集団はヨーロッパの文化をさらに豊かにするうえでしばしば決定的な役割を果たしました。それに対しオーウェルは慎ましい一家の出身で、ビルマの大英帝国警察の元警察官であり、生涯の一時期には浮浪者であったこともありました。彼の最も感動的な著書のひとつは『パリどん底生活』[☆24]です。そこにはパリで過ごした半ルンペン的な生活が描かれています。彼は本屋でもありました。つまり彼は、アメリカ的職業倫理のコードによって二〇世紀の作家が経験すべきとみなされていた仕事をすべて行なったわけです。彼は徐々に、まずはジャーナリストとして——言葉の最も崇高な、最も気高い意味におけるジャーナリストとして——認められていきました。彼は稀有なジャーナリストであり、文学コラムニストをしたり、政治コラムニストをしたりと……一言で言えば、ロンドンのさまざまな左翼系雑誌に、原稿用紙一、二枚の記事から非常に長いエセーまでさまざまなものを生涯にわたって執筆しました。

　彼は常に憑かれたように執筆し、小説も書いていましたが（ただし世界的に有名になるの

☆24　George Orwell, *Dans la dèche à Paris et à Londres*, 10/18, 2003 (trad. Michel Pétris).〔邦訳、ジョージ・オーウェル『パリ・ロンドン放浪記』、小野寺健訳、岩波文庫、一九八六年。〕

は、最後の二つの著書、『動物農場』と『一九八四』によってです。これについては何も言うことはないでしょう、本当に有名な本ですから）、一九三六年には早くもスペインに行こうと決めています。スペイン行きの直接の動機がジャーナリスティックな好奇心によるものだったのか、それともすでに戦う気でいたのか、それとも両方が混ざり合っていたのかは、はっきりと知ることができません――とはいえそれを知ることはあまり重要な問題ではありませんが――。いずれにせよオーウェルはイギリス共産党とたいへん結びつきの深かった一人の編集者を介して、義勇兵としてスペインに行くための経路を探します。この同じ編集者は、彼を英国共産党の総書記、ハリー・ポリットに紹介し、ポリットはさっそくオーウェルの簡単な身元調査を行ないますが、当然のようにオーウェルのスペイン行きは却下されてしまいます。というのも、オーウェルは独立労働党（ＩＬＰ、Independent labour Party）という小さな左派政党と繋がりがあったからです。この政党は左派陣営のなかでも非常に反抗的な人々を多くかかえた政党で、トロツキーがスターリン主義に反対したことにむしろ共鳴していました。だから除外、というわけです。そのためオーウェルは、直接ＩＬＰにスペイン行きの支援を頼むことに決めます。それが功を奏したのかもしれません。オーウェルにとってそれは政治的、個人的なチャンスになりました。少なくとも、そこから始まったのは、共産党によって召集された英国人義勇兵という枠組みで、用意された出立船に乗ってスペインに送られた人たちの経験とは異なる経験でした。スペインでＩＬＰとの連絡を取っていたのは、ＰＯＵＭ(プーム)(Partido Obrero de Unificación Marxista〔＝統一マルクス主義労働党〕)という小さなマルクス主義政党でした――労働者政党においては、名称が長ければ長いほど党は小さくなります――。ＰＯＵＭは左翼の反スターリン政党で、しばしばトロツキー主義と言われていますが、それは間違っています。ＰＯＵＭは左翼反対派の一部でしたが、トロツキーはさまざまな場所でＰＯＵＭの日和見な中道主義を批判しています。トロツキーの第四インターナショナルの主張に対し、ＰＯＵＭが完全には賛同していなかったからです。しかし最終的に、ソヴィエトの統治下にあったスペイン共和国の警察局はＰＯＵＭをトロツキー主義政党とみなし殲滅しました。さて、オーウェルはこのＰＯＵＭの義勇軍に参加し、七か月から八か月の間、一兵卒としてアラゴン戦線〔＝スペイン北東部の戦線〕に加わり、塹壕の中で戦いました。それから、彼がおおいに誇りにしたことですが、オーウェルは最終的に伍長に選ばれ、一二人からなるＰＯＵＭ義勇軍の一小隊を指揮することになります。彼はこの経験をもとに『カタロニア賛歌』――英語の題を文字通りに訳すとこうなりますが、フランスでは『自由カタロニア』と訳されています――という一冊の素晴らしい本を書きました。これは最良のヴィクトル・ユゴー的文体によって物事を観察したルポルタージュであり、同時にスペイン戦争を取り巻く多くの問題について考察した本です。もちろん、スペイン戦争の問題にここで立ち入る時間はありません。スペイン戦争に関しては、戦争の推移から潜在した諸勢力に至るまで、またドイツ・イタリアの介入から国際旅団(ブリガード)の支援に至るまで——もちろん、社会政治学的な諸問題については言うまでもなく——書架という書架を埋め尽くす量のことが書かれているわけですから。

やや乱暴な、単純化した言い方になりますが、スペイン戦争のもつ問題性をごく抽象的に表現するなら——といっても、これは現実に重く圧しかかっていた問題で、戦争が進行し、戦争が指導されている間はもちろんのこと、回想録や物語や分析を書くさいにも重きをなしていた問題性なのですが——、それをこう定式化することができます。すなわち、私たちは革命を前にしているのか、それとも戦争を前にしているのか。戦争に勝利するために革命を終わらせなければならないのか、それとも革命を終わらせるために戦争に勝利しなければならないのか、という問題です。このようなかたちで問題を立てると、非常に抽象的な感じがしますし、ビザンティン風の論争〔＝大事を忘れ些事に拘泥する議論〕のように聞こえるかもしれません。しかし、スペイン戦争の闘争と歴史という具体性のなかでは、これは少しも抽象的な議論ではありませんでした。というのも、実際に起きたのは次のようなことだったからです——この事実の流れは重大で、無視できません——。すなわち、まず〔右派およびフランコ将軍による〕軍事クーデターが（あるいはフランス語のアクセントで言えば、pronunciamiento(プロニュンスィアミエント)の企てが、とも言えます。これは世界的に使われている珍しいスペイン語のひとつで、他にもguérilla(ゲリャ)〔＝ゲリラ〕や、軍事クーデターを意味する pronunciamiento、rastaquouéreなど[★50]のスペイン語由来の言葉がありますが、奇妙なことにすべて戦争に関わっています）、まず軍事クーデターが多くの枢要となる都市で勝利し、それをアフリカ軍〔＝スペイン領モロッコのスペイン軍〕や傭兵や植民地兵が支持しているのを目にして、スペインの民衆が反乱を起こします。次に労働組合や労働者政党が共和国政府から武器所持の許可を得ることで、義勇軍の編成が可能になります。かくして、論理からすれば何時間後か何日後かにはおそらくなんらかの結末に至ったはずの軍事クーデターが、例外的に三年間の長きに及ぶ内戦となるのです。そして、このときクーデターに対して民衆がとった反応は、たんに武器庫を再度占領したり、軍事蜂起の拠点を制圧したり、軍人部隊が占拠した陣地を奪還したりといった軍事的な反応だけではありませんでした――こうしたことはクーデターから数週間の間に起きますが、その後アフリカから新たな軍隊がスペイン制圧に乗り出してきます――。すなわち、彼らの反応には国の社会的条件を変えるということが含まれていたのです。自然発生的な反応として、土地の集産化や、企業の国営化、経済の組合化などが生じました。つまり、ひとつの社会革命のプロセスが生じたのです。このことはクーデターに直面した民衆の反応と深く結びついていました。とはいえ、共和国政府は革命政府ではなく、民主党、共和党、ブルジョワ主義政党から成る政府でした。この政府は戦争の間、まず社会主義者によって補強されていき、次に社会主義者とコミュニストによって、そして最後には、社会主義者とコ

★50　フランス語の « rastaquouère » は、一九世紀に南米のスペイン語から流入した言葉。もともと成金を意味していたが、フランスでは贅沢品をまとった悪趣味でいかがわしい外国人やペテン師を意味する侮蔑的な言葉として使われた。戦争との関わりは不明。

ミュニストと無政府主義者(アナキスト)自身によって補強されることになります。歴史の逆説というものです。スペインでは無政府主義者(アナキスト)たちが、共和国を維持し、フランコ主義との戦いを助けるために、政府に参加することを受け入れたのです。このとき彼らが戦ったフランコ主義とは――のちにそう呼ばれるようになりますし、またおそらくこの名称の方がいっそう適切ですが――、純粋かつ単純に言って、ファシズムでありました。このようにして、実際、共和国陣営はあるときから二つの方向に分かれ対立するようになったのです。そしてオーウェルがスペインで書いた本は、その問題を考えるうえでたいへん重要な証言であり、次のような二者択一、ジレンマをめぐってなされた考察でもあるのです。そのジレンマとはつまり、革命の責務はほどほどにして、まずは人民軍を作ることに専念するべきだろうか――さもなければ戦争は負けてしまいます――それとも反対に、革命勢力を信じることはできないか――まず先に社会的正義を打ち立てることで革命勢力の士気と知性が高まり、それによって、政治義勇兵や党を基盤にしてスペインにおける反フランコ主義戦争を続行しうる、そう信じることはできないか――というジレンマです。

これは当然なされるべき議論です。しかし、この議論の解決は最悪の手段、すなわち暴力によってもたらされました。共和国の民主共和主義勢力および共産党が課したのは、社会節度を回復し、正規人民軍を編成するという戦略です――これ自体は完全に首尾一貫した弁護できる戦略です――。しかし彼らはそれを、警察的手段を用いて行なったのです。革命の進展こそ最大の勝利の保証だと考えていたグループ、その思潮、風潮は警察力によって排除されました。共和国の方針――民主党とブルジョワと正規軍の方針と言っておきましょう――に反対した趨勢は、政治的に粛清され、ときには物理的に抹殺されました。それが一九三七年のことです。この粛清が可能になったのは、しばらく前からスターリンの警察機関の影響がスペインに及ぶようになっていたためです。この影響が生じたのは次の事実、客観的かつ議論の余地のない事実のおかげでした。すなわち、共和国政府が受けた唯一の軍事的援助は、スターリン体制下ロシアがスペイン国営銀行の有する金を対価に売却していた大量の兵器だけだったという事実です。ソヴィエト式戦車、航空機、機関銃が共和国の装備を構成したことで、ソヴィエト連邦のスペインにおける威信は相当に高まったのです。その結果、スペイン共産党は、人民戦線の議席を四〇〇議席中一六議席しか占めていない微小政党であったにもかかわらず、内戦における彼らの政治的軍事的な役割の中心性によって、加盟者の人数と釣り合わないような重要性をもったのです。

このあたりでやめておきます。私が望んでいるのはあくまで、スペイン戦争の問題点を位置づけること、そしてそこからオーウェルが何を糧にして『カタロニア賛歌』の考察を行なったかを理解することですから。スペイン戦争でオーウェルをすっかり魅了したのは――彼は生涯を通じて、スペインのことを回想するたびにそれに魅了されることになります――、戦争の最初の数か月間にスペインの労働者である庶民たちが見せたあの躍進の姿、その思い出、その現実でした。たとえ軍隊を作るためであろうと、軍隊編成に不可欠な規律によるものであろうと、そこに生み出された秩序の記憶に、彼は最後まで絶対的に心を打たれ続けました。彼は歴史の真実に魅了されたのです。つまり、スペイン戦争での民衆の反応――それはヨーロッパにおいて歴史上すでに何度も起きたことを確証したにすぎないのですが――、民衆が反動的な強制に対して自発的に起こした反応は、新たな種類の民主主義の創造であり、発明であった、という真実です。この民主主義は、もはや議会制の民主主義ではなく、さまざまな協議会（コンセイユ）からなる民主主義です。労働者たちの協議会、兵士たちの協議会、女性たちの協議会、協議会のかたちに集められた民衆のあらゆる層の協議会からなる民主主義です。こうした協議会では、私たち民主主義諸国に馴染みの議会制民主主義よりも、より直接的で社会的な民主主義が表現されています。このさまざまな協議会の経験が決定的に重要なのです。この経験はスペインの歴史の記憶に刻まれ、残り続けることになります。しかしながら、この経験があったにもかかわらず、二〇世紀の革命の経験を経て残ったロシア語が、「ソヴィエト」ではなかったことは、なんと悲しむべきことでしょうか。Soviet（ソヴィエト）、それは協議会のことです。しかし「ソヴィエト」という言葉は、今日どちらかというと否定的な意味を伴います。人が「ソヴィエト警察」というとき思い出されるのは、労働者たちの協議会によって運営された警察ではなく、スターリンの警察です。それゆえ「ソヴィエト」はロシア革命で最も普遍的な言葉であったにもかかわらず、いまやほとんど使用できません。今日誰もが理解する唯一のロシア語、それは固有名詞であって一般名詞ではないのですが――とはいえそれは一般名詞とほぼ同じになっています――、カラシニコフという言葉です。カラシニコフが何かは誰でも知っています。カラシニコフという武器製造技師が発明した攻撃銃です。誰もがロシア語で「カラシニコフ」と言い、誰もフランス語やスペイン語で「ソヴィエト」〔＝協議会〕とは言わないのです。

明らかなのは、〔左派勢力のスペイン第二共和政に対する〕蜂起や革命が、〔フランコ率いる〕軍事蜂起に対する反動に変化し、そして長引く内戦へと――内戦は三年近く続きました――変化したことにより、戦略的問題が全体として完全に動揺してしまい、それによってソヴィエト連邦共和国と共産党の影響が少しずつスペイン国内に入りやすくなった、ということです。それは、ソヴィエト連邦が連邦内部の問題や課題をスペイン国内に持ち込んだ瞬間でした。決して忘れてはならないのは、スペイン戦争がモスクワにおける一連の大規模な裁判とまさしく同時発生したこと、それと同時代的であったことです。[★51] 最初の大裁判は一九三六年、スペイン戦争が始まって間もない時期に開かれています。第二回裁判は――私が言っているのは大きな見世物的裁判のことで、ソヴィエト連邦全体で粛清の数年間に行なわれた無数の小さな裁判や非‐裁判のこと

★51　ソ連では一九三六年八月、一九三七年一月、一九三八年三月の三回にわたり、いわゆる「モスクワ裁判」と言われる公開裁判が開かれ、「反革命分子」と見なされた党員に対し大規模な粛清が行なわれた。

ではありません――、第二回裁判は一九三七年、第三回裁判は一九三八年に開かれました。したがって、スペイン戦争は言わばボルシェヴィキの古い番人たちの排除によって節目づけられていたのです。まず「右傾者」、それからトロツキスト、そしてその絶頂にはもちろん、「右傾者」とトロツキストの連合（ブロック）が排除されることで★52、ボルシェヴィキの古い番人はすっかりいなくなりました。

スペイン戦争はそうした時局に起きました。ソ連の外交機関、警察機関は自分たちの問題をスペインに輸出してPOUMという小政党にトロツキストのレッテルを張り、スペイン共和政府の警察装置の一部と共謀しながら、彼らを排除することに決定しました。この警察部門を直接統率していたのは、共和政府というより、スペインのコミュニストかコミンテルンのメンバーでした。スターリン警察はこうした直属機関をスペインに持ち込んだばかりか、スペインで戦ったすべての人々、さらには自分たち――スターリン・ロシア――がじかに送り込んだ人たちにさえ、容疑者（これはもっとも穏当な言い方です）の烙印を押すと決めたのです。スペイン共和国が自軍を組織し、特殊部隊、装甲部隊、航空部隊などを結成できるようにと、わざわざ自分たちで選出した軍事評議員たちでさえもです。忠実な人たちのなかでもとくに忠実だった人たちさえもが、排除されました。スペインから戻ってきたという事実そのものが、言わば星のマーク〔＝ナチスがユダヤ人識別に使った星形バッジ〕を付けられるのと同じく、裁判にかけるための識

★52　第三回モスクワ裁判では、ブハーリンをはじめとする二一人の被告が「反ソヴィエト的トロツキストと右傾者のブロック」として告発された。容疑はセルゲイ・キーロフ暗殺、スターリン暗殺の共謀、ドイツ・イタリア・日本と通じたスパイ容疑などであり、被告人全員が粛清された。

別標になりました。彼らの大部分は物理的に排除されましたが、なかには収容管理本部（クラーク）のキャンプで生き延びた人、さらにナチス・ドイツとの戦争の指揮を執らせるために収容キャンプから救い出された人たちもいました。最も有名な例は、ソヴィエト連邦軍元帥のロコソフスキー〔一八九六―一九六八〕です。ポーランド解放後、ポーランド軍の責任者としてソヴィエトから元帥を任命する必要があり、彼がポーランド元帥になりました。ロコソフスキーはスペイン戦争の古参兵であり、優秀な将軍として指令本部でよく知られていたため、収容管理本部（クラーク）のキャンプから引き抜かれたのです。その後彼が背負わされた役割は、気が休まるというには程遠いものでした。偉大なジャーナリストだったコストフ★53は、プラヴダ新聞社〔＝ソ連共産党の機関紙〕とスターリンの命によって直接スペインに派遣されましたが、戻ってからすぐに銃殺されました。こうした例はいくらでも挙げられます。

これが、オーウェルの登場する一九三七年のイデオロギー的、人間的、政治的な背景です。バルセロナでは、POUM主義者（プーミスト）や――トロツキストとは言いたくありません――アナキストとの衝突に武力が使われるようになり、共和国警察はPOUMの組織やアナキスト組織の一部を壊滅させます。投獄や裁判、訴訟、ソヴィエト警察が計画した失踪事件などが起きました。たとえば、POUMの主幹だったアンドレ・ニンは、スペインのソ連共産党の独房で死ぬほどの拷問を受けたあと、惨殺されています。

★53 「コルツォフ」の誤記か。ミハイル・コルツォフ（Mikhaïl Koltsov、一八九八-一九四〇）は、旧ソヴィエト連邦のジャーナリスト。スターリン自らの命で特派員としてスペイン戦争に派遣され、報告記を執筆した。一九三七年にソ連へ呼び戻され、一九四〇年（一説によると四二年）に不条理に粛清された。

オーウェルはそうした過去をくぐり抜けてきました。もちろん彼はこれらすべての事情に通じていたわけではありませんが、それでも本質的なことは理解していました。彼の『カタロニア賛歌』には、革命と戦争をめぐるそうした経験や議論が反映されているところがあります。

さらに徹底的に知りたいと思うなら、『カタロニア賛歌』と並行して——これは小説ではありませんが——マルローの『希望』を同時に読むのがいいと思います。[★54] なぜなら『希望』は——マルローの最も偉大な小説だと私は思いますが——『カタロニア賛歌』と同じ主題を、それに同調する者の視点で扱っているからです。この小説の登場人物たちを通して現われるのは、コミュニズムの作戦を選び、それを展開し、それを支持する者の視点です。ただし小説のなかでその視点は一貫して、コミュニズムに対する文化的、精神的な自律を保っています。『希望』はとても稀有な小説です。なぜならこの小説は、スペインのコミュニズムがとった軍事戦略的な方針の正しさを説明しながらも、同時にスペイン戦争の根本的な諸問題をめぐるすべての章、会話、対話において、コミュニズムのグローバルな諸理念に対する——形而上学的な、と言えばいいでしょうか——ある全体的な反対が、示されているからです。このような比較をする読み方がなされたと想像してください。そこからは、間違いなく多くの帰結が引き出されるはずです。もしかするといつかマルローとオーウェルの本を比較する読解が行なわれるかもしれません。

★54　アンドレ・マルロー（André Malraux、一九〇一—一九七六）は、フランスの小説家、政治家。戦前は安南や中国の革命運動やスペイン内戦の義勇軍に参加。占領中は抵抗運動を行ない、戦後はド＝ゴール政権で国務大臣を歴任した。小説『希望』（一九三七年）は、スペイン内戦の義勇兵としての経験をもとにしたルポルタージュ小説。センプルンはレジスタンス時代に同書を愛読した。

ですが、ジョージ・オーウェルに戻りましょう。スペインのあと、彼はグレート・ブリテンに戻り、再びあの困窮生活と書き物の毎日を始めます。このとき彼は肺病を患いますが、多くの人の寄付、とくに一人の女性からの寄付によってまとまった資金ができ、そのおかげでモロッコとマラケシュにしばらくのあいだ静養に行っています。彼は寄付をした人たちの名前を最後まで知ることがなく、ただ、自分が妻とともにマラケシュに行くことができるのは、友情に満ちた支援のおかげだということを知らされただけでした。

彼がスペインを出発し、これからお話しする――まもなく話しますので心配しないでください――『ライオンと一角獣』（*The Lion and the Unicorne*）という本を書くまでには、そうはいっても無視できない重要な推移がいくつかあります。オーウェルは――すでに言いましたがもう一度繰り返します――、エセイストであり、本当に並み外れたジャーナリストでありました。彼の手紙や記事やエセーを四巻に亘って集め、全集（コレクティッド）した、フランス語の翻訳が出ていますが、残念ながらあまり知られていません。イヴレア出版と公害百科出版という小さな出版社から共同で刊行されています。オーウェルに関心のある人は、この本を絶対に読む必要があります。すでに読んでいても、あるいは今晩からでも構いません。☆25

さて、話は文学について書かれた多くの論考に移ります――文学についての論考と言っても、たんに書評という意味だけではなく、文学理論としても文学に関わるものです――。それ

☆25 *Essais, articles, lettres (1920-1950)*, en quatre volumes, aux éditions Ivréa, 1995-2001.〔公害百科出版はセンプルンの息子ハイメ・センプルンが立ち上げた出版社。イヴレア出版と共同で、オーウェル著作集のフランスでの刊行に携わった。〕

は、文学と全体主義、あるいはディケンズやヘンリー・ミラーなどについての論考で、それらだけで一冊の本が編纂できますし、その価値があります。というのも――『ライオンと一角獣』になかなか辿り着きませんが――、そのなかにある三つの短いエセーは、オーウェルの変化を跡づけているからです。彼の考え方の変化を最初に決定づけたのは、もちろんスペイン戦争の経験です。彼は革命と戦争の失敗について、左翼の失敗について、左翼側のプロパガンダも含めたプロパガンダの嘘について、スペインの現実について考察し――これについてはあとで立ち戻ります――、それによって自分の考えを変化させています。しかし、それに加えて、決定的なかたちで彼の思考に変化が生じたのは、独ソ不可侵条約によって事態がどう進展したかを考察したことによります。これから引用する記事のひとつで、彼はそのことが自分にとってどれほど決定的であったか説明しています。話を理解しやすいよう、先に前置きとして大雑把に述べておきますが、その変化というのは、もともと極左の立場にいた人間に起きた変化です。彼はもともと、公式共産党の左派であり、インターナショナル主義者にして反ブルジョワ主義者であり、また反民主主義者でした――民主主義を内容のないかたちばかりの構造物にすぎないものとみなしているという意味においてです――。ところが、オーウェルが一九三九年までに書いたものを読むと、おおよそ一九三九年頃――要するに不可侵条約のあと――、彼は自分の考えを変え始め、それゆえ書くことも変わっていきます。無数の箇所で彼が表明しているのは、たとえば次のような考えです。「そう、我々は民主主義国、英国である。だが、はたしてインドにおける我々の民主主義は本当にヒトラー体制よりもましであろうか」。あるいは別の箇所では、民主主義が社会的、政治的、民衆的、革命的な民主主義でないとき、それがいかに空虚な民主主義であるかについて、より直接的に、より分析的に書かれています。彼の思考の変化というのはまさしく、民主主義について彼自身の考え方を取り戻していく過程なのです。

三つのエセーのうち、最初の論考は“Not counting Niggers”「黒人は数に入れずに」という題です。この記事でオーウェルは、多くのユーモアと職人技を駆使しながら、ある無名の人物が書いた本について激しい批判を行なっています。[★55] ひとりの英国人が出版したエセーなのですが――この人物は本当に知られていない人物なので、私も名前を憶えていません。オーウェルがいま生きていたとしても、おそらく覚えていないでしょう――、そこではヒトラーへの対抗手段として、十五カ国連合の設立が提唱されています。現にヨーロッパで私たちはそうした連合に至ったと言われるかもしれませんが、その英国人の著者が勧める十五カ国連合とは、世界的、国際的な連合です。この国際的十五カ国連合には、イギリス、アメリカ、フランス、民主主義諸国の多くと、私の記憶違いでなければチェコスロヴァキアなどの中央ヨーロッパから数カ国――いずれにせよ、西欧民主主義の大国だけでなく中央ヨーロッパの数カ国――が含まれ

★55 アメリカ人の連邦主義のジャーナリスト、クラレンス・K・ストレイトによる『今こそ統一を』(Clarence K. Streit, *Union Now. A Proposal for a Federal Union of the Democracies of the North Atlantic*, Harper & Brothers, 1939) のこと。

ます。オーウェルはこの構想について、絶対に不可能ではないにせよ、おそらく実現されないだろうとコメントしています。彼がこのエセーを通じて言わんとしているのは、いずれにせよ国際十五カ国連合というこのユートピア的な仮説のなかには、真剣に考えられるべき問題点があるということです。すなわち、アメリカ合衆国は、大英帝国をかたちづくっている諸国同士よりも、政治的、歴史的に西欧に近いということです。たとえば英国領カナダよりも、英国領オーストラリアよりも、合衆国の方が西欧やイギリスに近いのです。オーウェルが言っているのはもちろん地理的近さのことではありません、おわかりでしょう。[★56] この記事の最後にオーウェルはこう書いています。「たとえこの計画が成功に終わるとしても、ヒトラーとヒトラー体制を打倒するのが、ヒトラー体制よりいっそう巨大で、それと違う形であれ同じくらい悪いものを安定させておくためであるとすれば、それに何の意味があろうか」。この「同じくらい悪い」、「いっそう巨大」なものとは、民主主義諸国の連合体のことです。これが、一九三九年六月、独ソ条約の数週間前における、オーウェルの考え方でした。

一九四〇年、「クジラの腹の中」と題された一連の記事で、彼は自分自身の過去と、それからコミュニズムとマルクス主義の影響下にあった英国左翼の過去について分析しています。この論考には、ときにたいへん感動的な箇所があり、またときにたいへんな慧眼が見られます。オーウェルはそこで、英国左翼の知識人階級に見られた奇妙な反愛国主義について深く分析

★56　オーウェルにとって、「民主主義十五カ国連合」という連邦主義的な計画は、かえって、大英帝国内の支配構造、搾取構造が維持されたままであることを際立たせるものだった。「黒人は数に入れずに」という記事のタイトルは、「民主主義」という政治理念が英国領カナダ、インド、アフリカ諸国といった「属国」には適応されないことを風刺している。

し、最終的にこう結論します。そうだ、祖国愛は再び見出された、ただしソヴィエト連邦に対して。英国左翼知識人たちはソヴィエト連邦のなかに、自分が愛国者であるために必要なすべてを見つけ出した――これはほとんどレオン・ブルムの定式、「外国国家主義」と言うべきものです★57――。彼らは自分の祖国のためにではなく、別の国のために愛国者になるのだ、と。オーウェルはそれを「根なしの」祖国愛と言っています。

それから、一九四〇年秋に彼はエセーをひとつ書いており、それはオーウェル評論・書簡全集第二巻の表題になっています。“My Country Right or Left”、つまり「右(ライト)でも左でもわが祖国」という題ですが、ここでは「右」と（法権利における）「正義」を等しく意味する“Right”を使った言葉遊びがされています。有名な格言、“Recht oder unrecht mein Vaterland”、「正しくても間違っていてもわが祖国」――英語では“Right or wrong, my country”――を振ったものです。彼はこの記事で、民主主義的な祖国愛、そして革命主義的な祖国愛が必要ではないかと再び問い始めています。彼は祖国愛の問題を独ソ不可侵条約の分析のなかに位置づけていますが、そのなかで少し不思議な逸話が語られます――それが実際起きた逸話であることは疑いを入れません――。一九三九年八月二一日、まだマラケシュに居たオーウェルは、ヨーロッパに、イギリスに戻る前に夢を見ます。夢のなかで戦争はすでに始まっており、彼はそこでネヴィル・チェンバレン★58率いるイギリス軍に参加し、兵士に志願しています。チェンバレン氏は言

★57 「外国国家主義」（nationaliste étranger）はレオン・ブルムが『人間の尺度で』のなかで用いた表現。ソ連の国家利益のために活動する各国共産党を揶揄している。

★58 ネヴィル・チェンバレン（Neville Chamberlain、一八六九―一九四〇）は、英国保守党の政治家。ミュンヘン協定締結時の首相であり、融和政策によってファシズム勢力拡大を招いた。

うまでもなくオーウェルの嫌いな人物のなかでもとりわけ嫌悪している人物でしたが、彼が見たのは愛国心に満ちた夢でした。そして翌日、彼が新聞を取りに行くと、フォン・リッベントロップ[★59]が独ソ条約調印のためにモスクワに出発したと報じられていたのです。そこから彼は、そうしたすべてがいったい何を意味しているのかを考察します。英国民主主義はこのときすでにヒトラー帝国を前にして孤立していたわけですが、彼はそれでも正義の戦争の続行を支持するべき理由を列挙します。その理由は、まずは純粋にプラグマティックな種類の理由です。ヒトラーの前に屈服しないならば、戦争継続以外に選択肢はない、抵抗するしかないからです。そもそも負けたとしても――と彼は何度も述べています――、たとえ負けたとしても、たとえヒトラー軍がロンドンを行進するとしても、戦ったほうがいいではないか、戦いに敗れることなく占領されるより、戦ったあとで占領されるほうがいいではないか、ということです。ここには、一昨日話をしたマルク・ブロックの『奇妙な敗北』とほぼ同じことが表明されています。そして第二の主張、第二の理由は、祖国愛は必ずしも保守的ではないということ、民主主義的祖国愛や、革命主義的祖国愛があるということです。彼が参照し、自分がその一部でありたいと願うのはそうした種類の祖国愛なのです。

この考えはさらに深められていきますが、それが私から見て決定的ともいえる表現に行きつくのは、一九四一年、ヒトラーによってソ連侵攻が始まる数週間前に公表されたエセーのなか

★59　リッベントロップ（Joachim von Ribbentrop、一八九三―一九四六）は、ドイツの政治家。ヒトラーの外交政策顧問を務め、独ソ不可侵条約締結、日独伊三国同盟の成立に関与した。戦後、ニュルンベルク裁判で死刑判決を受け処刑された。

です。『ライオンと一角獣』は——オーウェル自身が繰り返し言及していますが——、大空襲の最中、つまり、ナチス航空隊が行なったロンドンへの大規模な空襲のなかで書かれたものです。私たち全員が知るように、この大空襲の残した結果は軽微なものではありませんでしたが、そのなかでもオーウェルは書き続けました。

この本の第一部、オーウェルの調子はふだんと非常に異なっていて、まるで突然の情愛、突然の弱さが——この言葉の良い意味における弱さ、ヴェルレーヌが「女たちの美しさ、つまり彼女らの弱さ」と書いた意味における弱さです——彼を不意に襲ったかのようです。彼は英国の特性について、英国文明が何であるかについて語り——言葉の広い意味での文明、つまり礼節と市民社会という意味の文明です——、皮肉な調子をやめて穏やかに、習俗から食べ物に至るあらゆる観点からそれをひとつひとつ列挙していきます——私は皆さんといっしょにここでそれを列挙するつもりはありません、皆さん英国の特性をよくご存知でしょうから——。そして彼は、自分がこの世界でどのような態度をとるべきかを長く思案したのちに、そして政治問題について国家主義でなく国際主義的な仕方で多くを考察したのちに、再び祖国の特異性を見出したことに対してある種の励ましを見いだすのです。

この本にはまたイギリスの下層階級の人々について書かれた感嘆すべき一節があります。ここ数十年にイギリスで撮られた最も美しい映画をサイレントで流せば、この段落の注釈になるかもしれません。労働者階級が生き残っている唯一の場所をご存知でしょうか。そう、イギリス映画です。文学のなかに労働者階級はもう存在しません。政治のなかにももうほとんど存在していません。しかしイギリス映画のなかにはまだ――もちろん少し冗談で言っています。誇張していますが、皆さんおわかりになるでしょう――いまだに労働者階級が存在します。現代のイギリス映画、ケン・ローチ[★60]や他の監督の映画のなかで目にするこの労働者階級に対して、オーウェルのエセーはじつに素晴らしいページを捧げています。

第二部は、『奇妙な敗北』におけるマルク・ブロックの分析と重なっており、ときにはそこで書かれていたことがそのまま書かれていると言えるほどです。この部分はイギリスのエリート、イギリスの首脳部への批判に充てられています。彼らの老醜、窮屈さ、時代錯誤に対する批判です。なかには、その大筋においてマルク・ブロックが一九四〇年の敗北のさいにフランス司令部の責任について書いたエセーとそっくりな一節もあります――もちろんそこに出てくる地名や固有名は異なっていますが――。ある一節ではこんなことが書かれています。「確かに、ワーテルローの戦いはイートン校キャンパスのグランド上で勝ちとられた。だがいずれにせよ、それに続く戦争の初戦はすべてそこで失われた。ここ七五年間の英国生活において決定的な事実のひとつは、支配階層の能力の衰退である[★61]」。この問題について彼はイギリスのエリート層がいかに柔軟性を欠き、時代遅れになっているかについてなかなか素晴らしい分析をし

★60　ケン・ローチ（Ken Loach、一九三六―）は、イギリスの映画監督。英国の労働者や移民たちの困窮した生活に光をあてた、政治色の強い映画を撮る。代表作に『大地と自由』（一九九五）、『麦の穂を揺らす風』（二〇〇六）など。

★61　「ワーテルローの戦いはイートン校で勝ち取られた」は、ナポレオン戦争のイギリス＝オランダ連合軍の指揮官ウェリントン公爵が、優秀なエリート指導者層を輩出した母校イートンの教育を讃えて言ったとされる言葉。なお、オーウェルもイートン校出身。

ています。

第三部では、知識人が英国人であることに抱く恥ずかしさについて分析されています。オーウェルの考えによれば、知識人、あるいは知識階級（インテリゲンチャ）が自分を恥じるような国は世界にひとつしかありません。とはいえ、私はごく最近になるまでのスペインもまた、知識人にとって自分がスペイン人であることを喜べない国であったと思いますが。しかし、イギリスに関してはオーウェルの言葉を尊重しましょう。また第三部では、読者に向けて祖国愛とインテリジェンスを結びつける必要が説かれています。言葉の二重の意味におけるインテリジェンス、すなわち個人的知性（インテリジェンス）と集団的知識階級（インテリゲンチャ）が、祖国愛と結びつく必要です。

他にもイギリスの社会変動に関する章や、中産階級の拡大に関する章があり、そこには傑出した明晰さが見られます。それから、戦争が自分たちをどこへ導いていくかの見通しが書かれています。それにしても、私たちに戦争から抜け出すどのような可能性があったというのでしょうか。時は一九四一年、イギリスは一年前からヒトラー帝国に単独で立ち向かっており、海上封鎖と空襲を受けています。オーウェルは、侵略を受けた場合もちこたえられる可能性がどこにあるか、またもちこたえなければならない必要性がどこにあるかを、じっくりと考察しています。その答えは言うまでもなく連合国だ、とオーウェルは言います。我々の同盟者になってくれそうなのはだれか、アメリカ人だ。とはいえ、アメリカが我々とともに、我々のために動員できる状態になるには一、二年かかるだろう。いや、植民地の人々がいるではないか、そう彼は書いています。植民地の人々について書かれた章には、イギリスがインドで行なうべき政策に関する細かな考察がまるごと収められています。たいへん素晴らしい章で、インドに対してすぐさま自治国の地位を与えなければならないと書かれています。そうすることで、インドが大英帝国からの解放を求めて日本や他の帝国列強諸国と同盟を結ぶ誘惑に屈しないようにするためです。またオーウェルは、インドの自治権には、戦争終結後インドが英国から離脱する可能性、分離独立する可能性も条件に含めなければならない、とも書いています。現実にはそうならなかったことを私たちは知っていますし、その後もいま述べたとおりの独立プロセスが実現されたわけではありません。しかし、歴史の流れはやはり、オーウェルの予言、その予測の方向へ流れていき、大英帝国の政策全体で範例的位置にあるインドに一刻も早く独立を与えるべきだというオーウェルの想いの方向へ進んでいきました。かくしてこの本は、先ほどお話しした戦いへの呼びかけによって終わります。

オーウェルの考えには時代を通じた進展があり、それはこの本で極まっています――そう私は思います――が、そこには言うまでもなく、スペイン戦争とそこで彼が経験したことの反省が影響を与えていることがわかります。また、彼が民主主義について行なった反省もそこに影響しています。彼が民主主義について反省を始めたのは、コミュニズムだけでなく――オーウェルは一度もコミュニストだったことはありません——、マルクス主義の理念とも決別したときからです。ここでいうマルクス主義とは、マルクス主義のさまざまな聖典のなかで、「マルクス＝レーニン主義」と呼ばれているものであり、トロツキズムもその一形態として含まれます。それと決別することから、民主主義の再発見が始まるのです。

オーウェルがスペインで書き連ねた記事を年代順に見ていくのは非常に興味深いことです。そのモチーフはさまざまに変転しており、あるときはスペイン戦争の回想録に、またあるときは戦争の批判的分析に、あるときは歴史書になり、またあるときはただ思い出をそのまま綴るために書かれています。一九四二年の秋、彼は、"Looking back on the Spanish War"（「スペイン戦争を振り返る」）というかなり長い記事を書き、そこで再びスペイン戦争のことに立ち戻っていますが、この記事は一行一行が非常に重要です。そこで回想されるスペイン戦争の思い出はとても興味をひきます。というのもこの回想は、教説や歴史の解説から始まるのではなく、匂いや人々の顔、そこで感じた同胞への想いといった、ほとんど身体的ともいえる記憶から始まっているからです。さらに、オーウェルは自分が立ち会った戦争の残酷さについて語ります。彼は多くの残虐な現場に、ときには共和国の側に立って、遭遇していますが、どれほど残忍な現場であっても、最終的に彼が抱く考えは異論の余地なくはっきりしています。つまり、フランコの恐怖政治(テロル)における組織化された、秩序だった残酷行為より恐ろしいものはないということです。彼は続けて、映画の一幕を彷彿とさせる記憶を思い出します。塹壕の中での思い出です。その時彼はスナイパーとして、熟練の狙撃手として前線の壕の中に送り込まれ、敵部隊の銃の射程内にいました。不意に正面の塹壕で誰かが動き、彼は銃を構えますが、相手の兵士はズボンがずり落ちています。ズボンを引っ張り上げながら走っている男の様を見て、オーウェルは自問します。「人はズボンが脱げかかっているファシストを撃てるだろうか?」。いや、できない、自分には撃てなかった、と彼は書いています。それから、彼が語る二番目の出来事は、義勇兵たちの間、つまりPOUM義勇軍のなかで起こります。このとき伍長だったオーウェルは、自分の部隊の一人の男に、どこそこの地点を占拠させようとしますが、それを危険だと考えた男は命令を拒否し、さらに仲間を呼び集めて、こんなふうに人を死地に追いやる伍長には従わなくてもよいという決議を彼らに求めます。集まった人々も、この英国人の伍長はファシストだ、共和国の義勇兵にこんなやり方で規律を強制することは許されないという裁定を下すのですが、義勇兵の一員だった一人のアラブ人の少年がしまいにオーウェルの擁護に乗り出します。少年兵は伍長を熱心に弁護して、他の兵士たちは間違っている、最低限の規律は必要だと説得にかかるのです。この回想には、少しドラマティックな物語の要素があります。規律か非規律かという問題は、マルローが『希望』のなかで何度も考察した主題のひとつですが、オーウェルにおいてもそれは『カタロニア賛歌』の中心テーマのひとつでした。それから、反フランコ抵抗運動の中心である労働者階級に関しても素晴らしい一章があります。そしてこの「スペイン戦争を振り返る」という記事の最後の章、第六章で[★62]、彼は次のことを明確にしようとしています。つまり、戦争は、ロンドン、パリ、ローマ、ベルリンなど他所の国では終結し勝利に終わったが、スペインはそうではなかったということです。彼は次のように述べています。スペインの状況は共和国側にあまりにも不利であったから、勇敢に戦ったとしても戦争に勝つことはできなかったし、共和国が犯した明白な失敗を避けるような戦略が立てられていたとしても——彼は失敗のいくつかを列挙しています——、共和国に不利な情勢を打開することは不可能だった、と。そしてジョージ・オーウェルはまさしくこの考察の途中で、文字通りこう書くのです。「革命に対する妨害工作がなければこの戦争は勝っていただろうというトロツキストの主張は、おそらく間違いである。工場を国有化し、教会を解体し、革命宣言を発したところで、軍隊が有能になりはしない。どんな政治戦略を立てたところで、ファシストたちの物量的優位、彼らの武装手段の近代性を相殺することはできなかっただろう」。これが、ある意味では、終わりでした。これ以降のオーウェルの著作には——まだ一九四五年から彼が死ぬ一九五〇年までに書かれたものを集めた長大な著作集第四巻があるのですが——、一度もスペインについての記述はありません。一度たりともです。とはいえ、私たちにその痕跡を見ることができないとしても、オーウェルが実際に書かれたことよりずっと深く、ずっと長く考察し

★62　実際は、最後から二番目の章。

ていたことは間違いありません。そして考察の最後の一片で言われたのは——最初の問題に戻りますが——、軍事装備の違いや不均衡によって、あの戦争に勝つことは不可能であったし、たとえもっと適切に戦略が立てられたとしても戦争には勝てなかった。したがってトロツキーの主張はもしかすると本当ではなく、真実ではなかったのかもしれない、ということでした。

スペインについて、またあらゆる政治的事件に関してオーウェルが残した著述のうち、いまお話しした時期を通じて決して変化しなかったもの、その後も変わることがなかったものは、「スターリニズム」というどこでも通用するがらくた入れのような名で呼び交わされているものすべてに対する、彼の憎しみ、怒り、嫌悪です。一九四一年にロシアが侵攻され、反ヒトラー闘争に〔ソ連という〕新たな戦力が加わることをオーウェルが喜んだときでさえ——彼はそれを喜びました——、彼はスターリニズムに対する自分の考えを変えませんでしたし、またスターリン・ロシアを批判するという考えも変えませんでした。スペイン戦争をどう評価するかについて、彼は自分の考えを進展させましたが、自分がそこに参加することの倫理的な意味については考えを変えませんでした。彼は変わらぬ倫理観をもって、POUM主義者(プーミスト)たちのもとへ、何人かのアナキストたちのもとへ、そしてスペイン戦争でコミュニズムの政治戦略——それは実際は警察権力の戦略でした——によって直接、間接の犠牲となった人たちのもとへと、身を投じたのです。

さて、ここで講演の全体についていくつかまとめをしたいと思います。三人の登場人物を通して行なわれた三つの旅、三つの研究は——おそらく単純化された、あまりに足早な研究ではありましたが——、偶然にも、三月一一日から一五日の間に位置づけられており、この偶然はじつに示唆に富むものでした。

英国の歴史家トインビーは、この三月の時期について、『一九三九年三月の世界』という七百ページに亘る本を監修し、共同出版しています。[☆26] これからトインビーの結論についてお話しするのはあまりに時間がかかるので止しておこうと思いますが、いずれにせよ私が言いたいのは、この時期がヨーロッパの歴史において本当に重要な時期だったということです。そしてまた、私たちはそれを三人の知的作家を通じて問題にしてきましたが、他にもさまざまな観点、さまざまな方法をもって、ヨーロッパの歴史が戦争へ、また独ソ条約後の労働者運動の士気低下へと転換するこの時期を取り上げることができるのです。

私たちは一九三五年のウィーンから、一九四一年のロンドンまでを辿りました。途中には、マルク・ブロックが『奇妙な敗北』の原稿を書き、それを放棄したクルーズ県ゲレ＝フージェール間を経由しました。これらのじつに多様な、じつに異なる作品の間に、そしてまた多くの点でじつに対照的な三人の人物の間に、何か共通する一筋の糸が走っているとするなら、それは全体主義的野蛮に抵抗するという同じ精神、同じ信念であります。その表現手段がひとつで

☆26 *Le Monde en Mars 1939*, sous la direction d'Arnold Toynbee et Frank T. Ashton-Gwatkin, Gallimard, « Hors série Connaissance », 1958 (trad. Anne-Marie Todd).

ないとしても——なんといっても彼らは異なる研究領域、研究内容に取り組んだ異なる人間たちなのですから——、彼らには、批判的理性、民主的理性に対する同じ信念があります。ギリシアの末裔であるフッサールにとって、それはヨーロッパ的批判精神の起源にある批判的理性であり、また、ヨーロッパの奇跡の起源、ヨーロッパの精神的形成物の普遍性の起源にあるものでした。もちろん彼らが成す同一性、彼らが成す精神的共同体★63には微妙な差異があります。

三人のうちおそらく最もヨーロッパ的なのはエトムント・フッサールでしょう。ブロックやオーウェルの場合と違い、フッサールにとってヨーロッパの問題は彼の考察の中心にありました。フッサールは実際、〔ドイツではなく〕中央ヨーロッパの知識階級（インテリゲンチャ）として語っています。つまり、（理性という言葉のカント的な意味における）世界市民主義（コスモポリタニズム）に最も慣れた地域の知識階級（インテリゲンチャ）としてです。彼はまた、災厄を前にしながら、その終りについて、災厄のあとにやってくるはずのことについて語っています。マルク・ブロックとオーウェルは反対に、災厄のなかで、つまり爆弾の下、ナチスの侵略のさなか、あるいはその可能性の脅威のなかで語っています。ブロックが語ったのは他国による占領下であり、オーウェルが語ったのは他国に占領されるという見通しのなかででした。オーウェルの場合、イギリスが占領される可能性をつねに念頭に置き、敗戦の可能性を想定しながらも、いずれにせよ戦わなければならない、戦い続けなければならないのだと考えることで、自分の倫理を鍛え続けます。そうした思索を通じて、彼のなか

★63 「精神的共同体」はフッサールの言葉。『ヨーロッパの諸学の危機と超越論的現象学』の最終節でフッサールは、「〔哲学の歴史は〕精神的共同体において生き、また生き続けている哲学者の諸世代の闘いである」と述べている。

で次第に国という要素や――言葉の戦略的な意味における――後退、そして帰属の必要といったことの重要度が高まっていくのです。このことがきわめて重要で示唆に富むのは、それが私たちにむしろ、普遍主義的な見方と愛国的な見方を総合することの必要性を思い出させるからです。そして、これら二つの見方の唯一の総合、唯一の道こそ、まさしく民主的理性なのです。そこにおいてこそ、ここに選ばれた三人の登場人物は一致しているのです。

あともう一言だけ。とりわけ一九三五年と今日を比べて明らかなのは――いえ、一九三五年よりあとにブロックとオーウェルが書いたものを比較するだけで十分明らかですが――時代が相当に変化しているということです。私たちはもはや進歩神話を信じていません。二〇世紀のうちに殺戮と恐怖の一世紀を見るべきだと思われるかもしれませんし、それ以外の何かを見ることは不可能かもしれません。しかし、二〇世紀は、そこだけに言及する人が言うような、たんなる強制収容所の世紀ではありませんでした。二〇世紀は、女性や植民地の人々、科学的発展といったものが花開いた世紀でもあります。そうです、二〇世紀を通して、一九三五年と今日、あるいは一九三五年と終戦のときとの間には、ある大きな違いがあります――一九三五年は、そうした変化の時期について話をするために選ばれた時代なのですから――。すなわち、三〇年代において民主主義の恒久性に対する希望はきわめて小さかったのです。今日事情はまったく変わっています。ヨーロッパにはまださまざまなかたちで全体主義が残ってはいますが、その先に私たちが見ているのは発展の方向ではありません。私たちがいまその発展を目にしているのは——どうにかこうにか、苦労して、ときには愚かな後退を繰り返しながらではありますが——、統一ヨーロッパという理念です。これこそまさしく変化したことなのです。現在のヨーロッパが置かれるこの文脈において、私は最後に、ジャック・マリタンの並み外れた慧眼を引用して終わりたいと思います。彼はマルク・ブロックやジョージ・オーウェルと同じ時期に、彼らのなかで唯一人、『災厄を越えて』という視点で本を書きました。そればかりでなく、彼は戦争の目的が連邦制ヨーロッパと連邦制ドイツの創設にあると想像し、それを公準として立てることができました。彼が確信していたこと、それはヒトラーが勝利することはありえないということ、そして、戦争の解決は、ヨーロッパ連邦、あるいはヨーロッパの連邦性にある、ということでした。

危機と対峙する「知」——センプルンに学ぶ

小林康夫

原書はわずか一二〇頁あまりの小さな本である。出版されたのが二年前の二〇一三年。この春に、パリの日本文化会館で、ジャン＝リュック・ナンシーやミシェル・ドゥギーを招いて、わが国の「3・11」をめぐるシンポジウム「カタストロフィーの哲学」が開かれ、わたしも講演者として参加し、ナンシーやドゥギーらとも対話をしたのだったが、そのときにカルチエ・ラタンの書店に平積みになっていたその本を買ったのだったか。小さい本だからと、帰りの飛行機のなかで読み始めたのが、おもしろくてやめられない。そのまま読み続けて、成田に着いたときには、すぐにでもこれを翻訳する、とパッションがあまり翻訳に向かわないタイプのわたしにしては驚くべき決断。翌日すぐに、未來社の西谷能英社長に電話して、版権をとってください、とお願いした。そのときは、なに、集中すれば一週間で訳せますよ、と言い放ったのではあったが、東京大学を定年退職する時期とも重なって、というのは言い訳にすぎないが、着手できずに時間が流れ、もう待てないとなって、いや、これは若い研究者が取り組むほうがよいのではないか、と言い訳に屋上屋を重ね、時代状況を同じくするジョルジュ・バタイユを研究している大池惣太郎さんに作業をお願いした。

それでよかった。さらなる言い訳を重ねるなら、わたしがこれを翻訳したい、いや、しなければ、と思ったのは、なによりも日本で、人文科学、とりわけ現代ヨーロッパの哲学・思想を学ぶ若い人たちに、自分が研究対象とする「知」が、いったいどのような地平に根づいているものなのかを、一度は、視線をあげて見届けてほしいと思ったからである。たとえば、フッサールを研究している人はたくさんいる。その哲学の全体が「危機」というプロブレマティックと深く相関していることは誰でも知っている。だが、いつの間にか、それはきわめて哲学的な、というのは抽象的な「危機」概念に還元されてしまい、フッサールがどのように同時代の現実的な、歴史的な「危機」に立ち向かおうとしたのかは、視野の余白へと追いやられてしまう。個々の哲学的なテクストの、微細な読解にのみ焦点が絞られて、まさに「木」は見えても、「森」は見えない、「ヨーロッパ」という「森」に対しては盲目なまま。われわれ日本人の研究者にとっては、ある意味では本質的、構造的とも言えるこの盲域を、センプルンの書は鋭く衝いてくるのである。

実際、間違わないでほしいのだが、これは、フッサール、ブロック、オーウェルについての研究書ではない。これは、講演。しかも、三人の人物についての講演というよりははるかに、まったく立場も異なり、仕事の内容も異なるこれら三人の人物を中心にして、ナチズムが勃興する「危機」の時代に、さまざまな「知」の担い手たち——同じようにアンドレ・ジード、ジャック・マリタン、ヤン・パトチカなども呼び出されている——が、どのように「ヨーロッパ」の「危機」に対して闘ったのか、をあらためて思い出し、記憶にとどめようとする、文字通りの「記念」のパフォーマンスなのである。実際、フッサールからの引用は、一九三五年にかれがウィーンで行なった講演の最後の部分のみ。ブロックからの引用は、遺書の一部。オーウェルに至っては、引用すらない。各人の仕事の具体的な内容にはまったく踏み込んでいないのだ。

問題はそこにはない。センプルンにとって重要なことは、それぞれが、「危機」に対して発言し、書こうとしたとき、いったい何の名において
それを行なったのか、ということである。それは、「理性」であり、「民主主義」であり、「表現と精神の全面的な誠実さ」であり、最終的には、「ヨーロッパ」という「精神」であった。そして、それこそ、——講演は二〇〇二年三月に行なわれているので——センプルンが、二〇世紀から二一世紀という新しい世紀、その「未来」に向けて伝え、託したいと望んだ中核のメッセージであったに違いない。

だが、そうであるなら、性急な言い方になるが、ここには、たとえばジャック・デリダが『他の岬』で言うような「キャップ」cap（「岬」＝「頭」＝「先端」）としての「ヨーロッパ」が集約されているのでもあるだろう。「人間性（＝人類）」humanité の特権的代表者としての

「ヨーロッパ」、「精神」としての「ヨーロッパ」——そしてそれこそ、「哲学」が闘いのうちに守護するべきものだということになるのかもしれない。実際、この三つの講演を通じてセンプルンが注視しようとするのは、あくまでも全体主義的なファシズムへと傾斜を強める各国のナショナリズムや愛国主義を突破して、「知」が——「人間性」の「名」において——「ヨーロッパ」という地平の「希望」を切り開こうとする闘いへの信念である。そしてそのためにこそ、三回の講演で、ドイツ、フランス、イギリスと国籍の異なる、しかもキリスト教、ユダヤ教、コミュニズムなど異なった背景をもつ知識人たちが織りなす「星座」constellation を線描しようとしたのである。

とすれば、われわれ、すなわち一意的には「ヨーロッパ人」ではないわれわれは、この「岬」をどう受けとめるべきか。当然、そのような問いが起こるのでなければならないだろう。「ヨーロッパ」というこの「岬」を、われわれはどのように受けとめるのか、あるいはそれに対応するいかなる「理念」、いや「非＝理念」を掲げるのか、掲げないのか、さらには、どのようにそれをディコンストラクトするのかしないのか……言うまでもなく、これは、二者択一的な解答が不可能な問いであり、性急に答えるよりは、問いを問いとして実践的に保ち続けることこそが重要であるような問いなのだと思われるが、しかしこのような問いを自覚させることにおいてこそ、明らかに現在そして未来の「ヨーロッパ人」へと語りかけているセンプルンの強い口調を、われわれもまた、聞き取り、受け止めなければならないのではないだろうか。

センプルンの口調は強い。しかし、その「強さ」tonus は、権威的な硬直ではなく、深い「根」からやってくるものである。かれには、ひとに語るべき経験ということなら、多くのことがあったはずである。若いときにブーヘンヴァルトの収容所で一年半をすごしており、また一九八八年から九一年まではスペインの文化相もつとめている。なんという激しい人生であっただろう。だが、かれは、この講演では、自分自身の人生についてはけっして語ろうとはしない、ただひとつのことを除いては。その「ひとつのこと」こそ、第二講演の冒頭で明かされる、センプルンがフッサールの一九三五年のウィーン講演のことを知ったのが、一九四四年ブーヘンヴァルトの強制収容所の「吐き気を催させる簡易便所」であったということ。すなわち、強制収容所という極限的な「絶望」の場所において、すでにその九年前に、ひとりの哲学者が、この「絶望の逆巻く炎」、「ヨーロッパ的人間性の危機」の到来を見据えて、そこから「不死鳥」のように『ヨーロッパ』という「精神」が蘇らなければならないと表明していたことを知ったこと。とすれば、そのとき――かれはそう語っているわけではないのだが――それを知ったことで、「絶望」のまっただなかで一筋の「希望」が炸裂する、とわれわれは想像するのでなければならない。それは、かれ自身の生命の「希望」ではなく、まさに個人を超え、国家・民族を超えた「精神」の「希望」、「精神」という「希望」であった。そしてこの強制収容所における「希望」をこそ、それから半世紀以上が過ぎ、人生の終わりにさしかかった二〇〇二年、センプルンがあらためて思い出し、あらためてそれにみずからも「講演」というかたちで応答しようとしたのだ、とわれわれが想像していけない理由はない。

一九三五年のフッサールのウィーン講演、その「精神」が、一九四〇年、一九四一年という二つの中間経由の時空を経て、一九四四年ブーヘンヴァルトの収容者であったセンプルンのところに、――いま（二〇〇二年）――届く。われわれがここで聴き取らなければならないのは、この「希望」のリレーにほかならない。

わたしがセンプルンの名前を知ったのは、『書くことか生きることか』（『ブーヘンヴァルトの日曜日』）だった。一九九五年夏の終わりに、パリからバイロイト音楽祭に行ったときに、前年に刊行されたこの本をパリの書店で買って持って行った。一週間あまり滞在して「タンホイザー」、「ニーベルングの指環」、「トリスタンとイゾルデ」を観たのだが、休演日があって、それならワイマールにでも行ってみようと、車を借り出してアウトバーンを走った。目当ては、ヴァルター・ベンヤミンがそれについて書いたゲーテの住居だったのだが、なんと閉館中。そのときに、ワイマールのすぐ横の森に、ブーヘンヴァルトの強制収容所跡地が広がっているのに気がついた。宿で読みふけっていた『書くことか生きることか』の舞台がそこにあった。行かないわけにはいかなかった。思いがけない偶然の呼び寄せにいささか狼狽えながら、弱りはじめた夏草が繁茂する人気のない跡地を、ひとりあてどなく歩きまわった。もちろん、そのとき「簡易便所」を見た記憶はない。でも、あの跡地のどこかで、二十歳をわずかに出たばかりのセンプルンは、「理性のヒロイズム」のシンバルが鳴るのを聞いたのだった、と——遠い記憶をまさぐるようにしながら——いま、わたしは呟く。

そしてわたしは同意する。そう、もし「哲学」というものがあるのなら、それは、どのようなかたちであれ、「人間（性）」の「極限」において、それでも「人間」であることを引き受けようとする「希望」であるのでなければならない、と。

「人間」という「仕事（メチエ）」には、終わりはないのだ。

センプルンと「民主的理性」——あとがきに代えて

大池惣太郎

本書は Jorge Semprún, *Le Métier d'homme. Husserl, Bloch, Orwell: Morales de résistance* (« Climats », Flammarion, 2013) の全訳である。底本としたフラマリオン版に先立ち、同書は二〇〇二年に『ある抵抗のモラル——フッサール、ブロック、オーウェル』という表題のもとフランス国立図書館から刊行されている。

著者のホルヘ・センプルンについては、あとがきの最後に略歴を記したので参照されたい。

*

本書に収められた講演でセンプルンは、一九三〇年代という「危機の時代」を生きた知性の言葉と生を呼び起こし、それを通じて「民主的理性」とは何かを示そうとする。この試みは同講演のためだけに企図されたわけではなく、第一章の原型は、一九九二年にウィーンで行なわれたドイツ語のスピーチ「文化的多様性とヨーロッパ」において、第二章と第三章の原型は、一九九〇年にパリのソルボンヌ大学で行なわれた発表「悪と現代性——歴史の労働」において、すでにみとめられる（いずれもセンプルンの講演集『雲間の墓』に収録されている。Cf. *Une tombe au creux des nuages*, « Climats », Flammarion, 2010）。さらに本書で語られるさまざまな主題やエピソードは、いずれも著者が七〇年代以降、あるときは政治家として、またあるときは作家として折々に語ってきた馴染み深いモチーフばかりであり、本書は小著ながらセンプルンの知識人としての歩みを凝集した一冊であると言ってよい。

本書を読んでまず印象に残るのは、おそらくそこに登場する日付と名前の数ではないだろうか。講演は、フッサールのウィーン講演の日付「五月七日」を強調するところから始められるが、センプルンはそこから「論」や「説」を展開するというよりむしろ日付と名前の間を訪ね歩くようにして時代を振り返り、語っている。ここにあるのは、人と出来事と引用の布置——徹底して布置のみ——なのであって、著者はそこに決定的な結語を与えることなく、ただ配置しているように見える。そしてその行程を通じて浮かび上がった星図に、あまりにもあっさりと「民主的理性」という名を与えることで講演を終えるのである。

著者が語る言葉はいずれもきわめて平易で、理解に途惑うようなところはいささかもない。しかし同時に、彼の思考の道筋には容易に掴み難い不透明な頑強さがあり、それが畳み掛けるような人と出来事と引用の想起とともに、読者に迫ってくる。そのことが、淡々と語られるセンプルンの言葉に、ありふれた左派知識人の穏当な見識とはなにか異質の力強さを与えているように見える。

このことは、センプルンがスペイン人でありながらフランス語で書く作家であること、そして強制収容所の時間を通過した知識人であることと、決して無関係ではない。センプルンという作家を特徴づけるこの二つの条件は、彼の言葉に、或る見えにくい落差を与えているのである。

センプルンは一九三六年に外交官であった父の仕事で国を離れ、その後、内戦状態となった母国に戻ることができないまま、パリに身を落ち着けた。センプルンにとってこの亡命は「過去との完全なる断絶」だったのであり、それゆえ自分自身を「二重に異邦人である」と感じた、と彼はのちに述べている。この最も不安定な時期にセンプルンが行なったのは、バイリンガルのフランス語を二ヶ月で習得し、自分を「赤のスペイン人」と同定させるアクセントを完全に消し去ることであった。その後、彼はパリの名門アンリ四世校でフランスの知的エリートたちの進む道をたどっていく。彼は、完全なフランス語のなかに「二重の異邦人」としての自分を隠したのである。

そしてさらに彼を決定的な意味で「二重の異邦人」としたのは、強制収容所の時間ではなかっただろうか。センプルンはナチスによる占領時代の最後の一年半の間を、政治犯としてブーヘンヴァルト強制収容所で過ごした。そこで過ごした時間は、処女作『大いなる旅』（一九六三）

から『なんと美しい日曜日！』（一九八〇）、『書くことか生きることか』（一九九四）、『死なねばならぬ者』（二〇〇一）といった自伝的小説のなかで繰り返したどり直されることになる。これらの作品が「収容所文学」と呼ばれる多くの作品と異質なのは、それが「収容所」の体験をもとにしていながら、「収容所」について書かれたものではいささかもないという点である。センプルンの回想はルポルタージュのようなものではなく、時系列を無視した想起の連続で編まれている。その想起は――実際の想起がそうであるように――ひとつの時空に限定されず、ブーヘンヴァルトの死の光景から、およそ「収容所文学」に似つかわしくない西欧文化の最も洗練された空間までをめまぐるしく行き来している。センプルンは自ら述べているように、ごく早い時期から作家になることを漠然と確信していた人であり、決して「収容所」の経験を伝える使命感によって作家になったのではなかった（それどころか、彼は「生き残り（シュルヴィヴァン）」や「生存者（レスカペ）」といった意味のなかに閉じ込められることを拒絶したからこそ、むしろ戦後二〇年近くもの間、作家として生きる夢を完全に断念している）。いわばセンプルンは、潜在的には最初から「作家」ないし「知識人」として「収容所」を通過したのであり、そのことが彼の視点に、「収容所」という場所を語るには不遜とも見える、きわめて暴力的でアイロニカルな転倒を呼び込むのである。たとえばセンプルンは、解放後最初に出会ったフランス人将校に対して、まっさきに収容所で見た映画の話をする。過酷な強制労働や残虐な処刑の話を予想していた将校は、

「収容者（デポルテ）」の口から『マズルカ』のポーラ・ネグリの妖艶な美しさについて語り出されることに狼狽し、つぎには憤慨する。センプルンは「収容者（デポルテ）」としての態度や心情表明を拒絶し、あたかも「収容所」との間にいかなる隔たりもなかったかのように、やすやすと元いた知的文化的世界に復帰してみせる。それは、ともすると相対的に恵まれた「特権囚」の無感覚か、知的エリートの鼻に付く気取りとも映りかねない。しかし、それは自分を意味づけ誇示する行為ではなく、むしろ物理的な拘束から生の形式を引き剝がそうとするやみがたい身振りなのである。

重要なのは、この身振りによって、センプルンが自己の内に「二重の異邦人」としての不安定さをいっそう深く抱えもったということである。解放の翌日、彼は恬然とした態度をとる一方で、同時に自分が決して「死を回避した」わけではなく、むしろ「死に通り抜けられた」という強烈な感覚を抱いている。「突然、不思議な思いに襲われ、興奮すら覚えた。死はもはや、予測できない運命の行き止まりとして地平線上に、まっすぐ前にあって、私をその名状しがたい確実さの方へと吸い込んでいるのではなかった。死はすでに私の過去にあり、ぼろぼろになるまで擦り切れ、とことん経験され尽くされていたのだった」（『書くことか生きることか』ガリマール社、フォリオ版、一九九六年、二七頁）。収容所を通過し、かつ知識人であること、それは、死の世界と、意味や希望を支える言葉の世界との、途方もない落差を内に抱えもつことにほかならない。そしてこの落差は、ひとつの現実が絶対的な強度をとって現われるときにこそ強く意識され、彼をその現前から引き離すのである。たとえばプラハの国立美術館でルノアールの絵を見ている幸福な瞬間に、センプルンはブーヘンヴァルトのことを想い出す。「おそらくそれは、ただ単純に、コントラストのせいだったのだろう。／私はときどきコントラストに感じやすくなるときがある。コントラストによって人知れず揺り動かされ、逆立ちしたように動転させられるのである。つまり、それによって傷つけられるのだ。たとえば、なにかつかの間の、あるいはすぐに消え去る、しかし本当に胸に突き刺さるような激しい幸福と、――その幸福のせいだろうか――唐突に戻ってきた収容所における或る瞬間の記憶とのコントラスト。〔……〕もちろん、私は何も言わない。そういうことが起きるときは、狼狽の瞬間をただやり過ごす。私は誰にも、決して、それを悟らせない。悟らせたところで何になろう。私はこのため息が満足のため息であり、呻いたのは幸福のためだったと信じさせる」（『なんと美しい日曜日！』、グラッセ、二〇〇二年、二五九頁）。センプルンがたんに収容所経験者である自分に同一化し、そこから移動することなく文化的世界を眺めていたなら、彼は無関心や怒りを抱きこそすれ「傷つけられる」ことはなかっただろう。彼が「傷つけられる」のは、現在の「胸に突き刺さるような激しい幸福」を生きながら、その現前の向こうにいて結ばれているもう一人の自己／他者として呼び出され、瞬間のうちにその落差を往還しているからである。

本書に見られるセンプルンの平易な言葉と淡々とした事実の積み重ねのうちにも、やはりこの途方もない落差とその移動があることに読者は注意しなければならない。講演に散りばめられた名前と日付は、著者の人生の紆余曲折に焼きつけられたというべき強度で刻印されたものばかりである。しかし彼はそれを自分の経験の内側から語るのではなく、誰もが知る事実の側から語り出す。たとえば、そのことは、「ルブラン」という友人の偽名とセンプルンの関係においても顕著に表われている。センプルンがフッサールのウィーン講演について知るのは、ブーヘンヴァルト強制収容所の「簡易便所」のなかであり、ある友人の口を通してのことであったが、彼はこの友人を本名ではなく、あくまで「ルブラン」として呼び出す。「ルブラン」とはいわば、抵抗の主体の名前なのであって、センプルンはこの名を呼ぶことで、友人を「収容者（デポルテ）」という内実から引き離し、代わりに〈ヨーロッパ〉の精神的身体へと繋いでいるのだ。「一九三五年五月、ウィーン」という章題も「ルブラン」という名前も、センプルンが強制収容所やレジスタンス活動のなかで繰り返し辿り直した彼の生の時間、その感触そのものを「コントラスト」としているのであり、しかしそれはボロボロになるまで繰り返し経験され尽くし、ついには擦り切れて、そこにあった日付と場所にそのまま張り付いているのである。ちょうど現実というハンカチで何度も溢れ出す自分の生をぬぐい続けた結果、生がすべてハンカチのなかに染み込んでしまったかのように。

確認するならば、センプルンの発する日付と名前はこの落差を孕んでおり、彼はその深い隔たりを移動しつつ歴史の回想を行なっている。センプルンは三回の講演を「三つの旅」と言い換えているが、それは決して文学的な気取りから述べられているのではない。彼はたんに歴史の知識を確認しているのではなく、繰り返しそこにある落差を往還し続けているのである。この移動によって、過去のなかに死体のように置き去りにされ硬直した出来事がもう一度生き直され、反復のなかで事実が新たな布置をなし、自ずと歴史の意味を浮かび上がらせるのだ。

センプルンの歴史の回想が以上のような運動性をもつとして、そのことと本書の中心的モチーフといってよい「民主的理性」とは、どのように関わり合っているのだろうか。

センプルンはリベラルな共和主義者であった父親の影響を強く引き継ぎ、コミュニストとして活動していた二〇年余りの時間においても、一貫して「民主主義」を擁護していた。彼は欧州統合の支持者であり、とくにスペインの文化大臣を務めた九〇年以降、さまざまな講演で、民主制と批判的精神に基づく超国家的共同体としての〈ヨーロッパ〉の重要性を唱えている。

本書の各章を成すフッサール、ブロック、オーウェルは、いずれも「民主的理性」の模範として紹介されている。しかし、センプルンは彼らをただ「範例」として提示するばかりで、自身が「民主的理性」という言葉で何を指し示そうとしているかについて直接には語らない。

彼の思考に分け入るためのひとつの導きの糸となりうるのは、三回の講演に一貫して登場するジャック・マリタンの存在である。フランスの著名なトマス研究者であり政治哲学者であるマリタンは、「キリスト教民主主義」およびヨーロッパの連邦制の唱導者であり、またドレフュス事件以降表面化したフランスの根深い反ユダヤ主義に対して、カトリック系知識人としてはもっとも早くから批判を行なった人物としても知られている。センプルンはこの哲学者の仕事を三日間の講演すべてにおいて参照しており、さらに最終講演の結びに彼を呼び出していることから見ても、マリタンは本書のひそかなハイライトになっていると言ってよいだろう。

センプルンはマリタンに何を聞き取ったのだろう。本書の表面的な記述からは、「民主主義」や「欧州連邦」の支持といった大枠的な観点でしか二人の共通性を計ることはできない。

ここで注目すべきなのは、センプルンが初日の講演の最後に取り上げるマリタンの一九三七年の論考「イスラエルの使命」である。彼は、反ユダヤ主義的風潮に対する先駆的な批判としてこの論考を引用し、次のように締め括る。「一九三七年。／フッサールが言及したあの野蛮と憎しみの高揚のなか、フッサールにあの怒りと絶望を感じさせた現実に直面しなければならなかったとき、このテクストは私が見つけた唯一の、本当に完成された、本当に重要な、本当に決定的なテクストでした」。センプルンはここで一九三七年という日付を唐突に投げ出すように発している。その日付は、もちろんここではマリタンの慧眼を指摘する文脈のなかで喚起されているのだが、私たちは同じ日付が第三章で再び取り上げられ、再度強調されるのを目にすることになる。そのとき「一九三七年」は、スペイン内戦において、コミュニストたちが公式共産党により大規模な粛清を受けた年として登場してくる。

さらに付言するなら、本書の冒頭で説明のないまま記憶に留めるよう促されるフッサールのウィーン講演の日付「五月七日」とは、一九三七年にバルセロナ市街で公式共産党の勢力とアナキスト、トロツキストの間に衝突が生じた「五月事件」（五月三日〜八日）が起きた日でもある。オーウェルの所属したPOUMは、まさしくこの騒擾事件によって共和政府から非合法化され、「粛清」の対象となった。センプルンが自ら語り出したように、日付が彼の「旅」において重要な道案内をなすものであるとするなら、彼がこの講演のどこかで「五月七日」の符牒について言及する意図をもっていたとしても不思議ではない。スペインで左派勢力の対立が生じた一九三七年、センプルン自身は、内戦を避けてオランダのハーグに移住していた。オーウェルが『カタロニア賛歌』で書き伝えたような共和政権による陰惨な粛清については、むろん共和政府の外交官である父を通じてリアルタイムで耳にしていたであろう。マリタンの著書を手に取ったとき、センプルンは自分の生まれ育ったマドリードで同胞たちの間に凄惨な対立と裏切りが生じていることを知っていたのであり、知りながら遠く離れた地にいることを余儀なくされていたのである。

このことを念頭に置きつつマリタンの論考「イスラエルの使命」に再度立ち戻るなら、ユダヤ人とイスラエル問題に関するこのテクストが、なぜ当時のセンプルンに大きな感銘を与えたかは想像に難くない。マリタンはこのテクストで、ユダヤ人のイスラエル国家建国に関して、政治的・社会的に「同化する」ことが、精神的に「定住する」ことを必ずしも意味しないと指摘している。「超自然的に異邦人である」ことを余儀なくされたユダヤ人の姿は、自分を「二重に異邦人である」と感じていた若いセンプルンに自然と重なり合ったに違いない。

すでに述べたように、センプルンはこの時期、フランス社会に巧みに「同化」していたわけだが、そのとき「定住しない」とはいったい何を意味するのであろうか。

「定住しない」ことと「収容者」であることはひとつの裏表をなしている。「収容者」とは、社会的な帰属や意味の圏域から隔絶され、「意味」の外部の存在者として貶められる者である。このとき彼はたんに「意味」を剝奪されるだけではなく、「無意味」として標定され（たとえば黄色い星や「イスラム教徒」の蔑称が示すように）、そのうちに囲い込まれてもいる。収容所とは、人を自然な帰属の可能性から隔離すると同時に、「無意味」としての物的生に強固に繋ぎ留める空間なのであり、「同化する」ことと「定住しない」ことをともに禁じる場所なのである。

センプルンは「収容者」となったとき、言葉と文化の世界に頑なに「同化」し続ける。彼はこの戦略的な「同化」により、たんに「意味」としての自分を保持しようとしていたわけではない。むしろ「無意味」への収容に抗って、「定住しない」自己を保持しようとしていたのである。「定住しない」とは、落差のなかにある自分の生を認識し続けることなのであって、それは特定のアイデンティティに固着しないといった生易しい問題では決してない。スペイン人でありながらフランス語作家であり、知識人でありながら「収容者（デポルテ）」であったセンプルンにとって、「同化する」ことと「定住しない」ことはつねに鮮烈な「コントラスト」のうちに意識されていた。そしてこの二重性が保たれていることが、「同化」を可能にする条件なのであり、それが全体化することを阻止してもいるのである。

センプルンは、オーウェルやブロックが「普遍主義的な見方」と「愛国的な見方」を総合したと述べており、それは唯一「民主的理性」にのみ可能であると指摘している。私たちはこれを、たんに愛国主義や国際協調といった政治的な次元の問題としてのみ捉えるべきではないだろう。またセンプルンが「ヨーロッパの精神性」や「民主的理性」といった言葉を使うとき、彼が特殊な文化や理念を讃えているのでは決してないということも想起する必要がある。それらの言葉が意味しているのは「定住しない」というなにごとかなのであって、センプルンの「民主的理性」とは、「民主主義」をめぐる政治制度や哲学的議論のさらに一歩手前で、さらにいっそう深く、この「定住しない」という存在様態に結びついているのである。

　そのことを感じさせる印象深い話のひとつに、本書で紹介されたオーウェルの逸話がある。スペイン内戦のさい、オーウェルはあるとき前線の塹壕で敵兵を狙撃しようとする。しかし、敵兵のズボンが脱げているのを見て思わず狙撃を止める。センプルンは、対独抵抗（マキ）運動時代にこれと類似の経験をしている。彼がブルゴーニュ地方のある小村近くの川辺で待ち伏せをしているところに、ドイツ国防軍の若い兵士がやってくる。彼が物陰から兵士を狙撃しようとすると、男は突然センプルンが子供時代に耳にした「ラ・パロマ（鳩）」を朗々と歌い出し、センプルンは思わず銃を下げるのである。その瞬間を彼は次のように回想している。「鉄兜をとって、『ラ・パロマ』を歌っている、私たちとほとんど同い年の少年。街道を離れて、マスの泳ぐこの川の流れ、このまどろみつつ渾々と流れる彼の小川を眺めに来た少年。どうして彼を撃ち殺せたというのか。そこでさらけ出されていたというのに。つまり、彼の素顔が。」（『消失』、ガリマール社、フォリオ版一八一頁）。センプルンが射殺を躊躇ったのは、たんに懐かしい曲を耳にして感傷的になったからではないだろう。そうではなく、敵兵のうちに自分と同等な「素顔」を見たからである。軍帽を外し、春の陽気と小川のせせらぎに思わず任務を離れて歌い出してしまう、そうした無防備な存在の「顔」を見たために、彼は狙撃をやめたのだ。

　ここにもし「ヒューマニズム」と呼ぶべきものがあるとしても、それは「人類」や「人間」といった抽象的な類に向けた博愛ではない。オーウェルやセンプルンが物陰からの射殺を躊躇ったのは、その瞬間、自分と敵とが「何である」という意味の地平から、「ただ在る」という非－意味の地平へと不意に連れ出され、それによって自分と他者とが同等な存在として立ち現れたからにほかならない。

センプルンは最終的にこのドイツ兵を撃ち殺している。男が歌をやめ再び軍用ヘルメットの下に「素顔」を隠して立ち去ろうとしたとき、彼は男を背後から狙撃する。ここで重要なのは、狙撃することと見逃すことのどちらが正しいかではなく、これら二つの決断がそれぞれ異なる存在論的足場に依拠しているということ、そしてその分裂に私たちがつねに同時に足を掛けているという事実を確認することである。人間は時に応じて意味へと戦略的に「同化」せざるをえない。だとしてもやはり、意味のうちに住まわない無防備な生としての存在＝自己は消し去られることなく、われわれに貼り付いているのである。

この二重性に気づきそれを保持する知性と、「民主的理性」の実践とは不可分である。ハンナ・アレントは、「民主主義」の正常な機能に不可欠な、二つの対立する判断の様態を区別している。ひとつは公的義務に基づく「政治的判断」であり、もうひとつは個人が公的義務から離れて行なう「良心に基づく判断」である。アレントによれば、「政治的判断」とは集団に対する責任において下される肯定的判断であり、個人の願望がその是非を斟酌する余地はない。それに対して「良心に基づく判断」は、もっぱら「してはならない」というかたちで下される否定的判断であり、これは兵役拒否や奴隷制廃止運動をはじめ、個人が自らの良心に尋ねて、公的義務にかかわらず決定するものである。これらの二つの判断のどちらが正しいかは、むしろ判断の依拠する位相が異なるために決定できない。アレントの議論において重要なのは、「民主主義」がこの対立する判断形式を同時に抱えもつことを要求するという点であり、とりわけ「現代の民主主義」においては「良心に基づく判断」の足場についてのより緻密な考察が必要とされるということである。人がこの二重性に耐える知性をなくしたとき、「民主主義」は容易く盲目的な政治手段となり下がり、ナチスの合法的な独裁をも可能にした「数の暴力」に転じ得る。

この問題はもちろん、政治哲学の問いとしては古典的な問いであって、トクヴィルからシュミット、デリダやアガンベンをはじめ、すでに膨大な考察の歴史がある。それでも今日センプルンのテクストから学び得るものがあるとすれば、それはこの問題が、政治哲学の問いであると同時に、私たちの存在様態に密着した問いでもあるという確認を促す点であろう。センプルンが「ヒューマニスト」であるのは、彼が「良心に基づく判断」を推奨するからではない。それは彼が自由な生の条件である二重性、すなわち「定住せず同化する」という二重性に徹底して自覚的であったからにほかならない。「危機の時代」とは、たんに政治的に混迷した時代のことではなく、判断の足場が見失われているにもかかわらず現状に対する決断を迫られる時代のことである。「同化」への切迫した急き立てのなかで、なお「定住しない」自己の存在と関わり続けること、それだけが、他者と同等な地平で出会い得る空間をつねに新たに開くのであって、それは何重もの否定と捉え返しを経て今日ますます不確かなものになりつつある「人間」という存在の「仕事」であるだろう。

*

センプルンの経歴については、すでに『なんと美しい日曜日！』（榊原晃三訳、岩波現代選書、一九八六年）および『ブーヘンヴァルトの日曜日』（宇京頼三訳、紀伊国屋書店、一九九五年、原題『書くことか生きることか』）の巻末において、訳者による丁寧なあとがき解説が載せられている。しかし同書が手近なところにない読者もおられると思われるので、本書でも簡単に著者の歩みを記しておきたい。なお宇京氏は、センプルンと同じく政治犯としてブーヘンヴァルトに収監されたロベール・アンテルムの体験記『人類』（未來社、一九九三年）の翻訳者でもあり、『ブーヘンヴァルトの日曜日』のあとがきに、二人の作家について示唆に富む比較を行なわれている。関心のある方は、ぜひ参照していただきたい。

ホルヘ・センプルンは一九二三年、マドリードの大ブルジョワの一家に生まれた。父ホセ・マリアは法学教授、弁護士であり、共和政スペインで外交官の要職を歴任した。母スサナは、アルフォンソ一三世の統治時代に五度首相を務めたアントニオ・マウラの娘であり、兄弟のミゲラ・マウラは第二共和制の初代内務相を務めた。父のホセ・マリアは、貴族の血筋のカトリック信者でありながら、政治的には「人民戦線」を支持する共和派であり、フランスの左翼雑誌『エスプリ』のスペイン特派員も務めている。

一九三六年、スペイン内戦の開始とともにホセ・マリアは外交官として家族を連れてジュネーヴへ渡り、翌年から駐オランダ公使としてハーグへ移住する。ホセ・マリアの任期終了後、センプルン一家は内戦中のスペインに戻ることができず、一九三九年にパリに亡命。センプルンは名門アンリ四世校に進学し、フランスでリセの課程を終えた。

一九四一年、ソルボンヌ大学で教授資格試験の準備をしていたセンプルンは、ナチス・ドイツの占領統治がはじまると同時にフランス義勇遊撃隊（FTP）に参加し、レジスタンス活動を行なう。その翌年、スペイン共産党に入党、コミュニストの地下組織ジャン・マリ・アクションに入る。一九四三年九月、センプルンはシャンパーニュ地方でゲシュタポに捕えられ、ドイツのブーヘンヴァルト強制収容所に送られる。共産党員であり、ドイツ語を話せる唯一のスペイン人であったことから、彼は生存確率の高い「労働統計部」に配属され、事務的業務に従事する。そのかたわら密かに、コミュニストによる収容所内の地下軍事組織に加わった。

一九四五年四月、ブーヘンヴァルト収容所は、地下軍事組織の蜂起によって連合軍の到着の前に解放される。センプルンは四月末にパリに戻り、一九四六年のはじめまで妹の家族とスイスの小村に滞在する。そこでブーヘンヴァルトの体験について執筆しようと試みるも、通り過ぎたばかりの死に再び向き合う作業に精神的危険を覚え、作家となることを断念。以後は政治に没入することになる。

戦後の数年間、センプルンはユニセフの職員として翻訳などの仕事をする。その間もコミュニストとしてスペイン共産党と連絡を取り続ける。一九四七年、女優である妻ロール・ベロンとの間にハイメ・センプルンが誕生（ハイメは編集者になり、本書で紹介されるオーウェル著作集のフランス語版を刊行している）。一九五二年に党の専従員としてスペイン国内の非合法活動に従事、一九五四年に中央委員会の幹部になる。一九五三年から一九六二年まで、「フェデリコ・サンチェス」などの偽名で工作員としてフランコ政権下のマドリードに潜入、独裁政権に抵抗するための地下活動の指令を与える。一九六二年、党の決定でマドリードから引き戻され、一九六四年に公式に除籍される。

一九六三年、党の活動から次第に遠ざかっていたセンプルンは、閑暇を得て、小説の執筆を始める。同年、収容所へ移送された貨車の記憶をもとにした処女作『大いなる旅』を出版。以降、収容所やレジスタンス活動の経験を素材にした自伝的小説作品を多数執筆していく。一九六九年、トロツキーの暗殺者の回想を綴った『ラモン・メルカデス第二の死』でフェミナ賞を受賞。また一九六五年にはアラン・レネが監督する映画『戦争は終わった』の脚本を執筆。その後も、多くの映画、テレビドラマの脚本を手がける。

一九八八年から一九九一年まで、フェリペ・ゴンザレスによる二期目の社会党政権において文化相を務める。

一九九四年、『書くことか生きることか』(邦題『ブーヘンヴァルトの日曜日』)を出版、フェミナ・ヴァカレスコ賞、ドイツ出版書店員平和賞、人権文学賞など多数受賞。翌年、ブーヘンヴァルト強制収容所の解放五〇周年を記念して、作家エリ・ヴィーゼルと共著で『黙すことは不可能である』を刊行。一九九六年にフランスのアカデミー・ゴンクール委員に選出される。

二〇〇五年にフランスの元内相ドミニク・ド・ヴィルパンとの共著で『ヨーロッパ的人間』を出版。二〇〇八年に『左翼はどこへ行く』、二〇一〇年に時評集『雲間の墓――ヨーロッパの昨日と明日について』を刊行するなど、晩年まで旺盛に執筆を続ける。

二〇一一年六月七日、パリにて、八七歳で死去。

*

本書のもととなった講演については、フランス国立図書館の以下のサイトで映像と音声が公開されており、翻訳にあたり参考にした。

http://www.bnf.fr/fr/evenements_et_culture/anx_conferences_avt_2005/a.c_020311_semprun.html

http://www.bnf.fr/fr/evenements_et_culture/anx_conferences_avt_2005/a.c_020313_semprun.html

http://www.bnf.fr/fr/evenements_et_culture/anx_conferences_avt_2005/a.c_020315_semprun.html

センプルンのフランス語は非の打ちどころのないバイリンガルのフランス語であり、そもそも彼はたいへんな文章家としても知られているが、講演の音源からじかに起こされたと覚しい本書には挿入や脱線が多く、自然な日本語として訳しにくい部分が少なくなかった。また音声に残らない引用符や句読点、改行位置などについて、原書には適当でないと思われる箇所がいくつか見られたが、明確な誤りと思われる場合を除いて基本的に原文通りに訳した。

最後に、本書を強い情熱で薦め、翻訳作業にあたって重要な助言を多々くださった小林康夫先生と、経験不足の訳者の遅々とした仕事を辛抱強く見守ってくださった未來社の西谷能英氏社長へ、そして迅速かつ的確な編集を行なってくださった編集者の長谷川大和さんに、心より感謝を申し上げます。

【著者略歴】
ホルヘ・センプルン Jorge Semprún
1923年、スペイン・マドリード生まれ。
スペイン内戦の開始とともにパリに亡命。フランス義勇遊撃隊に参加し、レジスタンス活動を行なう。1943年9月、ゲシュタポに捕えられ、ドイツのブーヘンヴァルト強制収容所に送られる。収容所へ移送された貨車の記憶をもとにした処女作『大いなる旅』を出版。トロツキーの暗殺者の回想を綴った『ラモン・メルカデス第二の死』でフェミナ賞を受賞。また1965年にはアラン・レネが監督する映画『戦争は終わった』の脚本を執筆。『ブーヘンヴァルトの日曜日』でフェミナ・ヴァカレスコ賞、ドイツ出版書店員平和賞、人権文学賞など多数受賞。作家エリ・ヴィーゼルと共著で『黙すことは不可能である』を刊行。2011年6月7日、パリにて、87歳で死去。

【訳者略歴】
小林康夫（こばやし・やすお）
1950年、東京生まれ。
青山学院総合文化政策学大学院特任教授。東京大学名誉教授。現代哲学、表象文化論。
著書に『起源と根源』（1991年）『表象の光学』（2003年）『歴史のディコンストラクション』（2010年）『存在のカタストロフィー』（2012年）など。編著に『知の技法』（1994年）『文学の言語行為論』（1997年）など。

大池惣太郎（おおいけ・そうたろう）
1982年、東京生まれ。
東京大学大学院総合文化研究科博士課程満期退学。現在、パリ第7大学博士課程。高崎経済大学経済学部、相模女子大学にて非常勤講師。表象文化論・現代哲学。
主要論文に「幼年の詩学――バタイユのプレヴェール論をめぐって」（『日本フランス語フランス文学会関東支部論集』第23号、2014年）。共訳にジャン＝リュック・ナンシー「パラレルな差異――デリダ＆ドゥルーズ」（『現代思想』2015年2月臨時増刊号、2015年）など。

【ポイエーシス叢書64】
人間という仕事――フッサール、ブロック、オーウェルの抵抗のモラル

二〇一五年十一月十日　初版第一刷発行

定価……本体一八〇〇円＋税

著者……ホルヘ・センプルン

訳者……小林康夫・大池惣太郎

発行所……株式会社　未來社
東京都文京区小石川三―七―二
振替〇〇一七〇―三―八七三八五
電話（03）3814-5521
http://www.miraisha.co.jp/
info@miraisha.co.jp

発行者……西谷能英

印刷・製本……萩原印刷

ISBN978-4-624-93264-0 C0310

ポイエーシス叢書

（消費税別）

☆は近刊

1 起源と根源　カフカ・ベンヤミン・ハイデガー　小林康夫著　二八〇〇円
2 未完のポリフォニー　バフチンとロシア・アヴァンギャルド　桑野隆著　二八〇〇円
3 ポスト形而上学の思想　ユルゲン・ハーバーマス著／藤澤賢一郎・忽那敬三訳　二八〇〇円
5 知識人の裏切り　ジュリアン・バンダ著／宇京頼三訳　三二〇〇円
6「意味」の地平へ　レヴィ＝ストロース、柳田国男、デュルケーム　川田稔著　一八〇〇円
7 巨人の肩の上で　法の社会理論と現代　河上倫逸著　二八〇〇円
8 無益にして不確実なるデカルト　ジャン＝フランソワ・ルヴェル著／飯塚勝久訳　一八〇〇円
9 タブローの解体　ゲーテ「親和力」を読む　水田恭平著　二五〇〇円
10 余分な人間　『収容所群島』をめぐる考察　クロード・ルフォール著／宇京頼三訳　二八〇〇円
11 本来性という隠語　ドイツ的なイデオロギーについて　テオドール・W・アドルノ著／笠原賢介訳　二五〇〇円
12 他者と共同体　湯浅博雄著　三五〇〇円
13 境界の思考　ジャベス・デリダ・ランボー　鈴村和成著　三五〇〇円
14 開かれた社会―開かれた宇宙　哲学者のライフワークについての対話　カール・R・ポパー、フランツ・クロイツァー／小河原誠訳　二〇〇〇円

15 討論的理性批判の冒険　ポパー哲学の新展開　小河原誠著　三二〇〇円

16 ニュー・クリティシズム以後の批評理論（上）　フランク・レントリッキア著／村山淳彦・福士久夫訳　四八〇〇円

17 ニュー・クリティシズム以後の批評理論（下）　フランク・レントリッキア著／村山淳彦・福士久夫訳　三八〇〇円

18 フィギュール　ジェラール・ジュネット著／平岡篤頼・松崎芳隆訳　三八〇〇円

19 ニュー・クリティシズムから脱構築へ　アメリカにおける構造主義とポスト構造主義の受容　アート・バーマン著／立崎秀和訳　六三〇〇円

21 スーパーセルフ　知られざる内なる力　イアン・ウィルソン著／池上良正・池上冨美子訳　二八〇〇円

22 歴史家と母たち　カルロ・ギンズブルグ論　上村忠男著　二八〇〇円

23 アウシュヴィッツと表象の限界　ソール・フリードランダー編／上村忠男・小沢弘明・岩崎稔訳　三二〇〇円

25 地上に尺度はあるか　非形而上学的倫理の根本諸規定　ウェルナー・マルクス著／上妻精・米田美智子訳　三八〇〇円

26 ガーダマーとの対話　解釈学・美学・実践哲学　ハンス＝ゲオルク・ガーダマー著／カルステン・ドゥット編／巻田悦郎訳　二二〇〇円

27 インファンス読解　ジャン＝フランソワ・リオタール著／小林康夫・竹森佳史ほか訳　二五〇〇円

28 身体　光と闇　石光泰夫著　三五〇〇円

29 マルティン・ハイデガー　伝記への途上で　フーゴ・オット著／北川東子・藤澤賢一郎・忽那敬三訳　五八〇〇円

30 よりよき世界を求めて　カール・R・ポパー著／小河原誠・蔭山泰之訳　三八〇〇円

31 ガーダマー自伝　哲学修業時代　ハンス＝ゲオルク・ガーダマー著／中村志朗訳　三五〇〇円

33 ヘテロトピアの思考　上村忠男著　二八〇〇円

34 夢と幻惑　ドイツ史とナチズムのドラマ　フリッツ・スターン著／檜山雅人訳　三八〇〇円
35 反復論序説　湯浅博雄著　二八〇〇円
36 経験としての詩　ツェラン・ヘルダーリン・ハイデガー　フィリップ・ラクー＝ラバルト著／谷口博史訳　三五〇〇円
37 アヴァンギャルドの時代　1910年-30年代　塚原史著　二五〇〇円
39 フレームワークの神話　科学と合理性の擁護
カール・R・ポパー著／M・A・ナッターノ編／ポパー哲学研究会訳　三八〇〇円
40 グローバリゼーションのなかのアジア　カルチュラル・スタディーズの現在
伊豫谷登士翁・酒井直樹・テッサ・モリス＝スズキ編　二五〇〇円
41 ハーバマスと公共圏　クレイグ・キャルホーン編／山本啓・新田滋訳　三五〇〇円
42 イメージのなかのヒトラー　アルヴィン・H・ローゼンフェルド著／金井和子訳　二四〇〇円
43 自由の経験　ジャン＝リュック・ナンシー著／澤田直訳　三五〇〇円
44 批判的合理主義の思想　蔭山泰之著　二八〇〇円
45 滞留［付／モーリス・ブランショ「私の死の瞬間」］　ジャック・デリダ著／湯浅博雄監訳　二〇〇〇円
46 パッション　ジャック・デリダ著／湯浅博雄訳　一八〇〇円
47 デリダと肯定の思考　カトリーヌ・マラブー編／高橋哲哉・増田一夫・高桑和巳監訳　四八〇〇円
48 接触と領有　ラテンアメリカにおける言説の政治　林みどり著　二四〇〇円
49 超越と横断　言説のヘテロトピアへ　上村忠男著　二八〇〇円
50 移動の時代　旅からディアスポラへ　カレン・カプラン著／村山淳彦訳　三五〇〇円

本書の関連書